教育，向美而生

郑 英/著

中国人民大学出版社
·北京·

图书在版编目（CIP）数据

教育，向美而生／郑英著. —北京：中国人民大学出版社，2019.5

ISBN 978－7－300－26896－5

Ⅰ. ①教… Ⅱ. ①郑… Ⅲ. ①班主任工作 Ⅳ. ①G451.6

中国版本图书馆CIP数据核字（2019）第070871号

教育，向美而生

郑　英　著

Jiaoyu, Xiang Mei Er Sheng

出版发行	中国人民大学出版社		
社　　址	北京中关村大街31号	邮政编码	100080
电　　话	010－62511242（总编室）		010－62511770（质管部）
	010－82501766（邮购部）		010－62514148（门市部）
	010－62515195（发行公司）		010－62515275（盗版举报）
网　　址	http://www.crup.com.cn		
经　　销	新华书店		
印　　刷	北京华宇信诺印刷有限公司		
规　　格	720 mm × 1000 mm　1/16	版　　次	2019年5月第1版
印　　张	12.5　插页1	印　　次	2025年8月第20次印刷
字　　数	180 000	定　　价	48.00元

目录
Contents

/第二辑/

教育，要懂得成人之美

序言

好一个“向美而生”

/ 顾久 /

我于2017年岁末结识郑英。短短几十分钟，却为她“教育，向美而生”的演讲所动——鲜明的主题、精致的演讲、生动的故事……在寒冷的冬季里，有“风乍起，吹皱一池春水”的欣喜。

“向美而生”，似从海德格尔“向死而生”点化而来。海德格尔把“死”与“亡”分开：“亡”是指生命结束这个事实，而“死”则是一个还在延续着的过程。“人是向死而生的”，不是说其他动物不死，只是它们不知道自己要死，而人类却明白——他们清楚自己正在走向死亡，每一分、每一秒……但他们仍在行进着、憧憬着、奋斗着，有一种深刻的壮美。郑英作为一名青年教师，肩负教师的重任，经受生活中的种种无奈，却仍胸怀寻美的理想，寻觅着、欣赏着、思考着，更有一种别样的精彩。

之后我们互加微信。我看到了她生活的更多侧面——唯美地炒上几道菜，一丝不苟地净化、美化着小巢，精心地为毕业班孩子们每人准备一副红豆手串，给每张美照加上雅致的边框，有如宋人笔下的花鸟和山水册页……当然，更多的还是她的工作、她的喜悦、她的心得和随笔。这些星星点点的笔记，最终贯穿起来，就成了眼前这串绚烂的珍珠。

从本书中，我先看到了一个优秀青年教师的情愫。

——她热爱杏坛。从工作之初，她就爱上了老师这个岗位。她连续七年担任两个班的班主任，累并快乐着。班上的科任教师生病或怀孕，她就去“填空”，做替补，结果赞誉爆棚。按照她某篇文章的说法，“当老师于我，是有缘也似有约”。

——她好学善思。“多读点儿书……看书前不一定要沐浴焚香，但一定要将手洗干净，然后在花香和着书香的氛围里，静享此刻的宁静和欢愉……让日子变得有香气。”（《老师，要过好自己的生活》）

——她聪敏灵动。她曾将全班学生的名字串成《郊游》《远足》之类的文章，“阳春三月，正是舒怡佳时节。这天，正是张雨晴后，天空湛蓝如洗，天上挂着一轮王欣阳，飘着朵朵陈梦芸（云），于是我们相约去郊游。”“穿过洪敏媛（园），翻过范玉峰，来到王磊林，只见一条小溪潺潺流过，那溪水真是章少清，可见水中历历游鱼……”她让学生惊喜地发现语言之美和自己的姓名之美，于是孩子们还给她一段古代纪传体文字，说她兼听众议、选举贤能、布德怀柔，“开创出政治（班风）清明、经济（成绩）繁荣、文化昌盛的局面，天下大治，史称‘郑英之治’”（《最美的教育，莫过于师生相互启迪，彼此成全》）

——她善解人意。对学生的不完美之处，她既不耳提面命，也不灌输说教，而是巧妙地因势利导，从而往往取得四两拨千斤之效。学生抱怨食堂饭菜不好，她就延请擅长川剧“变脸”的食堂余师傅担任班上每月一期的“百家讲堂”栏目嘉宾。余师傅的表演已是精彩，他的答问更显精神，从而不光赢得了孩子们的掌声，更使他们从心底敬重食堂师傅。自此，大家不再为饭菜发牢骚。（《教育之法，本于天性》）

——她顽皮童趣而出人意料。别人问她配偶的形象，她答：“生旦净末他，金木水火他。”（《老师，要过好自己的生活》）“一次课间，许多孩子围着我，问我年龄。我说：‘猜。’小鬼们几乎异口同声地说：‘三十多。’这时，一个平时内敛的女孩怯怯地说：‘二十多。’马上有一个男孩嘘她，说她拍马屁。女孩顿时红了脸低下头。我接过话，郑重地说：‘对，二十多。’全班惊愕地看着我，我继续：‘多十几而已。’全班会心地大笑，那个女孩也抬起了头，微笑。”（《最美的教育，莫过于师生相互启迪，彼此成全》）

有此情愫，在学生的心目中，郑英就成为一个有情有趣、可敬可亲的大姐姐。学生写道：“她，自比教育农人，春耕秋收，守望教育的一方农田。一路彷徨，一路风采，采撷细节，不疏点滴。两个班级，年复一年的班主任，她始终坚持像第一天那样工作，从容打理好每一株麦苗。她乐于与学生促膝长谈，善于在学生困惑时以寥寥数语指点迷津。她身上蕴含着诗人的浪漫，话语间透露着智者的清明。她以教育的艺术、个性的魅力，濡染一届又一届的学生，感化一颗又一颗冥顽不灵的心。她留给我们的，是一抹执着的背影，和一份挥之不去的坚定。”（《自序》）

从本书中，我还看到了一个优秀青年教师的教育技巧和方法。我将其归纳如下。

——由“我”而及人。哪怕是对“低起点”孩子涛涛（《教育，在于唤醒》）、自矜聪敏的子轩（《教育，在于发现》）、强横霸道的伟伟（《困难是成长的最好教科书》），她都坚持因材施教，不离不弃。

——由“我”而及物。“看着生动的大地，我觉得它本身就蕴含着一个至理——有土地的地方，就有生命；只要有土地，就会生长出生命与希望，就能成为可供栖居的家园。”“令我惊奇的是，这颗善感的灵心还在潜意识里影响到了我的教育。凡看到的、听到的，我都会自觉地与教育联系起来，或许这就是教育意识。对一个教师来说，有了这种意识，就是自觉地活在了教育之中。”“农人耕作的对象是庄稼，它们有着各自的生长规律，稻麦桑麻，形态不一；教育施行的对象是学生，他们有着各自鲜明的特性，每一个都是世间的孤品。”“农人犁田，师者耕心。对农人来说，不管种什么，最要紧的一步是耕耘，让土地变得柔软，才能孕育出无限生机；对教师来说，教育耕耘的是心田，只有深深耕耘，去除杂草，种下良善的种子，才能耕耘出心灵的沃野良田。”（《阅读大地之书》）

——由“我”而及种种教育细节。比如，清洁环境，“扫地，不只保证地面干净，踢脚线处、电脑桌下这些细微处也要见精神。一段时间后，孩子们对待卫生工作如同对待一项神圣的事业。他们扫地都能扫出一个天地，扫完地后不只对齐桌椅、理齐工具，还不忘将垃圾筒里里外外洗一遍。”（《让教室成为一个诗意的所在》）初二的成长仪式，郑英精心设计、郑重施行，有学生感言：“我平时跟爸妈接触不多。这次，当我握住爸爸的手走向‘成长门’时，我感受到了他苍老的气息，这让我吃惊。原来，爸爸不会永远强大，他也会变老。弟弟9个月了，调皮又可爱，还需要妈妈抱着。但即使这样，为了见证我的闪光时刻，妈妈依然带上弟弟，默默地坐着陪我、看我。每每回头看到妈妈在哄弟弟时，我就有一种幸福感，也有一种责任感。这次活动，让我似乎听见了自己成长的声音，也让我看见了自己的更多可能。”（《用仪式感擦亮一些重要时刻》）

每一个老师，都有值得自己总结的教育技巧，但我认为，郑英的技巧并非外在的、程式化的，而是带着自己内在的真与善，自然而然地渗透于无时不在的美感中的。所以严格地说，这不是技，而是道，是艺术。这种道与艺，不能模仿，不能再现，而需要精心地创造。

教育本应比其他职业更美丽、更崇高，教师本当比其他职业人更有诗意，更能战胜沉沦。我为郑英的这本书叫好，是因为当“人的依附”犹存，而“物的依赖”泛滥之际，一个“向美而生”的精灵正张开双翼，在浓密幽暗的黑森林中翩翩飞舞，这让我看到了中国教育的希望。

我已早过花甲之年，但若能重返少年，仍愿意端坐在郑英老师的课堂里，当一回她的学生。

2019年1月

（作者为中国陶行知研究会副会长、贵州省陶行知研究会会长）

自序

教育，可以如此生动、有趣

1

常听老师们叹息：教育无趣，每天备课批阅，日复一日，重复着昨天的故事，好烦好累好无味！也常听老师们抱怨：教育好难，要和学生斗智斗勇，还轻伤不能下火线，心力交瘁，疲惫不堪，如何开颜？

如此种种，说的都是老师们的真实心声。只是如果沦陷于这种情绪，只怕会使教育越来越艰难。

其实，这个世界的奇妙之处就在于它的魅力总是与它的难度成正比。水流，正因为越高山、过低洼、遇悬崖，才增添了自身的绵长与壮阔，于是我们看到了九曲十八弯，弯弯如练。珠穆朗玛峰，正是它的高度和由此带来的难度，才吸引了众多勇敢者的目光，也才使它显得如此魅力非凡。而各行各业的翘楚，也都发着类似的感叹——

诗人说："充满劳绩，然而人诗意地／栖居在这片大地上。"（荷尔德林）

画家说："我越来越相信，创造美好的代价是努力、失望以及毅力，首先是疼痛，然后才是快乐。"（凡·高）

任何职业都有着它独特的愁苦和乐趣，教育也不例外。教育是难的，面对千差万别的孩子，教育充满了各种变化与可能，充满了对智慧与人格的考验。也正因为如此，它激发着教师不断挑战、不断突破、不断建设，在渐进中收获一个更好的自己。

于是，教育家说："教育是像诗一样美好的科学，尤其是教育新人的过程更如同诗歌创作一样，其间充满着艰难困苦的探索，同时也极富浪漫传奇的色彩。"（马卡连柯）

2

回看自己，曾遇见过太多让我喟叹的"巨石"和"险滩"。但当我静静回顾其间的惊涛与骇浪时，却真切地感受到，那些困难让我挫而弥坚，也让我对教育有了更深的理解。若是没有期间的种种，也就构不成我此刻的教育理念和信念。原来困难真的是教师成长的最好教科书，教育也并非想象的那般艰难，甚至还带有点儿回甘。带着这样的认识和体验，我重新定义教育。

许多教育问题，一旦落实下来，便不过是寻常问题。面对寻常问题，若是能用诗心去构想，用匠心去实现，也能创造出一番胜境。

每次接手新班，我都会用全班孩子的名字串编成一篇妙趣横生的短文，在报到当天作为见面礼送给他们。同时我让每一个孩子隆重地介绍自己名字的由来。如此一来，不但我熟记了每一个孩子的名字，孩子们也能感觉原来上学是一件有趣的事。

每天，我都会认真回复每一本家校联系本，并在孩子们"就算你是一根烂草，只要跟大闸蟹绑在一起，你就是大闸蟹的身价。烂草是我，大闸蟹是九班"的留言中笑得前仰后合。

在每天面对的办公桌和教室讲台上，我会每周更换一束鲜花，既点缀一片空间，也点亮众人的眼眸。于是每一个早晨，当学生诵读时，我也顾自读书，在花香和着书香的氛围里，让灵魂也浸染上香气。

每个节气，我都会带着孩子们走进大自然，感受生命的节奏和成长的时序。春天，看花浪滔滔，明媚地装点世界；夏天，看星光点点，闪烁于清朗的夜空；秋天，听虫儿声声，歌唱着金色的岁月；冬天，看雪花片片，积蓄着季节的思念。

每个节日，我和孩子们都会带着仪式感去过，让它们成为日历上清晰的一天。端午节，我就精心挑选香袋和五色线，送给每个孩子，让那抹香气与颜色成为他们心中永远的记忆；元旦，我就购置一棵“心愿树”，让孩子们在大红的枫叶形心愿卡上写下自己的愿望，给新年的自己一个美丽的期许；“六一”成长仪式上，我也穿上班服，孩子们很应景地打趣道：“哇，郑老师，今天你十八！”我不假思索地接上一句“怎么说话的，为师十四，好吗”，然后师生一起笑得前仰后合。

…………

许多人问，这样岂不太费时、费心、费力？事实上，所有的幸福、快乐和美好，都需要费时、费心、费力才能换来，就像米兰·昆德拉说的，“麻烦的事情里头，隐藏着真正的乐趣”。

3

教育的乐趣其实无处不在，只是它们喜欢“躲猫猫”，需要我们去寻找和创造。回看自己的教育历程，我发现自己确是怀了一点儿诗心和匠心在行走，其间与各不相同的孩子相遇，彼此碰撞出很多的乐趣和神奇。

一次，看到一位女孩犹犹豫豫、欲言又止，我就问她是不是有话想跟我说。女孩鼓足勇气说“是的，是一个秘密”，但希望我保密。我马上伸出小拇指与她拉钩，逗得她扑哧而笑，然后趴在我耳边眉飞色舞地诉说，我则用神情配合着。

一次下大雪，厚度达十多厘米。我一早就带领学生去操场，在新鲜的雪地上，留脚印、打雪仗、堆雪人……欢笑声飘荡在操场之上。我们还不忘划定一大块区域，为的是留给别的班去尽兴。

一次，有学生感叹“不知多少年没有玩过纸飞机了”，马上有许多声音附和。于是，我索性决定开展一次飞纸飞机比赛，并角逐出前三名，还现场采访获奖者，小鬼们大呼过瘾。

我的一篇文章被一家公众号推送后，收到了一千多元稿费。我用它给我所教的一百多个孩子每人买了一杯奶茶，孩子们欢呼雀跃。

一次去香港学习，我特意去香港大学买了一大沓明信片，并一字一句地写下了祝福语，寄给我正在教的每一个孩子。恰逢“十一”和中秋，我还特意在每一张明信片上画了月饼。这些卡片被孩子们赞为最浪漫的礼物。

春分、秋分时节，我组织孩子们玩竖蛋游戏。午饭后，大家理清桌面，排开场面。有屡屡失败而叹息的，有成功后尖叫嘚瑟的，还有一位男孩，炫耀自己高超的竖蛋技艺，却被一位眼尖的同学发现他的鸡蛋底下沾了一颗饭粒，全班瞬间爆笑。本是平淡无奇的午间，此刻却传出欢声笑语。

校园生活如果生动非凡，孩子们便会对它心生眷恋。无怪乎毕业后，他们会说“好想再过一次初中生活”。校园，成了他们内心深处留恋和惦念的地方。

4

教师用内心的生动有趣做“本钱”，必定会在孩子们的心间留下温暖动人的“利息”，于是教育中处处有惊喜和甜蜜——

一位男孩漏做了几道题，被科任教师“请”了去。他担心我会对他失望，特意留下一句话：“老师，我是稀客（第一次漏做），以后再也不会去做客。”让人忍俊不禁。

一位男孩不小心弄坏了我的椅子，便于当晚买了一把，并留言：“郑老师，由于您的椅子已被这个时代淘汰了，所以我送您一把新的。我保证这把椅子效果显著，让您一坐，腰不酸、腿不痛，心情舒畅。如感不适，请和我联系，7 天包退，15 天包换，直到您满意为止。”看得我捧腹。

一个班级的学生在毕业后，折了 1096 朵百合花送给我，说是祝愿我永远如花儿那般灿烂。我的心花确实在那瞬间绽放了。

一位已经毕业的女孩，在我生日当天发来一条短信，除了用一大段文字回顾我对她的种种好之外，特别引起我注意的是那句“我一定是第一个给您送祝福的人”。我一看时间，是零点整。我不知道为了这一刻，她守候了多久。

一位叫雪青的女孩为我写下了这样一份颁奖词：“她，自比教育农人，春耕秋收，守望教育的一方农田。一路彷徨，一路风采，采撷细节，不疏点滴。两个班级，年复一年的班主任，她始终坚持像第一天那样工作，从容打理好每一株麦苗。她乐于与学生促膝长谈，善于在学生困惑时以寥寥数语指点迷津。她身上蕴含着诗人的浪漫，话语间透露着智者的清明。她以教育的艺术、个性的魅力，濡染一届又一届的学生，感化一颗又一颗冥顽不灵的心。她留给我们的，是一抹执着的背影，和一份挥之不去的坚定。”女孩说，为了写这段话，她特意翻看了不少古文，因为她想用诗意和浪漫的语言来描绘她的老师，不辜负老师的气质。

一位学生家长在她的孩子毕业后，依然在我生日那天送来早点——用玉米面和紫薯面做成的玫瑰花朵。于是那一天便在浪漫动人的早晨中开启。

甚至一位我从未教过的男孩，在教师节那天也送了我一张贺卡，上面写道：“尊敬的郑老师，您还记得我吗？我就是上学期在敬业楼内，因见到您本人而激动地叫您全名的那个学生。今天，祝您节日快乐！”

师生之间的情意若能循环往复互动，那么情趣就会源源不断，乐趣也会生生不息。

5

教育，可以如此生动、有趣，这要自己去领略、去创造。别人的感触是别人的，于你，必须从自己开始，亲自尝试，亲自体味。

教育，可以如此生动、有趣，这并非无视或淡化它的困难，而是在遇见时，依然能保持从容、优雅。

电影《无问西东》中有一幕特别令人动容：大雨滂沱，雨声淹没了老师的讲课声。只见老师从容地在黑板上写了四个字“静坐听雨”。这四个字，寂静无声，却比落在铁皮屋顶上的巨大雨声还要振聋发聩。当时，沈光耀推开窗户，只见一位老师带着学生在雨中锻炼，口号声响彻云霄；另有一位悠闲之士披着蓑衣，悠然垂钓。生逢乱世，身处陋室，但他们的内心天空，也无风雨也无晴。

一直不喜欢“红烛”“春蚕”之类的比拟，也不喜欢“坚守”“奉献”这样的字眼。这些看似震撼感人实则带有悲辛色彩的词汇，在一定程度上把教育描绘成了一项苦役，减损了它的美好本义。须知真正的美好是让人心生向往，而不是敬而远之。

在我的脑海里，最生动有趣的画面莫过于——

师者“休坐乎杏坛之上”，弟子读书，师者“弦歌鼓琴”。

或是暮春时节，师者与弟子一行，着春服，“浴乎沂，风乎舞雩，咏而归”。

即便大雨滂沱，也能静坐听雨，宁静从容。

第一辑 ｜ 教师，首先要让自己成为一个美好的人

师者，范也。教师自身就是一门课程，学生是教师的精神后裔，会传承教师的某些精神基因。若想学生朝着美善的方向发展，教师自己先要成为美善的典范。真正的教育者，是在施教的同时实现了自我教育的人。

美好教师的三重境界

> 教师最大的使命，是力所能及为学生的生长提供好的环境。什么是好的环境？美好的教师自身。一个美好的教师，有三重境界：始境，形胜；又境，气胜；至境，格胜。
>
> ——题记

“教育即生长”，这一观点早已成为共识。如果说教育即生长，那么对于学生的生长，教师最大的使命就是力所能及为他们提供好的环境。什么是好的环境？美好的教师自身。只有当教师成为学生学习、生活、成长的“教材”时，教育才能实现。

我们不必夸大教师的作用，但不可否认，每个教师身上都有一种无形的气质，能对学生产生长久的熏陶和濡染，尤其在精神世界里。师者，范也。可以说，教师自身就是一门课程，学生是教师的精神后裔，会传承教师的某些精神基因。若想学生朝着美善的方向发展，教师自己先要成为美善的典范，正如普罗亭诺斯说的，“你若想观照神与美，先要你自己似神而美”。教师，首先要让自己成为一个美好的人。

一个美好的教师有三重境界：始境，形胜；又境，气胜；至境，格胜。

一、始境，形胜——形象上的悦目

有这样一个故事。

杰米是个退伍军人，退伍后陷入了贫困、酗酒、流浪的窘境，精神漂泊，灵魂失所。一家社会救助机构没有简单地给予他物质帮助，而是出人意料地邀请来造型师，为杰米精心打造一个全新的形象。造型师为杰米理了一个绅士发型，并染出优雅的深棕色，然后给他刮掉胡子，换上衬衫，打上领带，穿上西装，还不忘在西服口袋处别上一方洁白的手帕。顿时，杰米整个人都被提亮了。

最后，一面大大的镜子被推到了杰米的面前。杰米看着镜中那个焕然一新的自己，错愕不已。良久，他才回过神来，诚心诚意地说了声"谢谢"，并表示会努力戒酒，然后找一份工作，用自己的双手打造一个更好的明天，重塑自己的形象。

美，是一种生产力，它唤醒了一颗麻木的心，让杰米的灵魂有了栖息之地，不再流离。

或许我们觉得人不是靠外在形象来定义的，但事实上，当我们将自己打理得得体且富有品位时，我们不仅能赢得别人的尊重，连自己都会更加爱自己。

几年前，我同时要上三家杂志的封面，为了能有一个美好的形象，我精心挑选了适合自己的衣服，并选择一家高档摄影馆，拍了一套个人写真集。拿到杂志，看着封面上那个美好的人物形象，我一时难以相信那个人就是我自己。可就在那一刻，我觉得内心深处有种力量被唤醒了。

自此，在生活中我开始更加有意识地修饰和美化自己，努力以知性、优雅、灵气的教师形象展现在孩子们面前。

每一件衣服我都慎重挑选，既要符合自己气质又是心头好物，同时精心照料，保持它的形与质。

每天晨起，无论是假日还是工作日，我都会细致地化个淡妆，每一步都一丝不苟。

无论走到哪儿，我都神采飞扬、容光焕发，尤其在课堂上。

…………

面对学生，我也从不掩饰自己对美的理解和追求。有一次课间，几个女生叽叽喳喳地围着我，其中一个女孩看着我，问："老师，您化妆吗？"瞬间，所有的目光都聚焦于我。我认真地回答："我认为，一个女性，三十岁以前尽量少化妆，否则对不起自己；三十岁以后尽量化点妆，否则对不起别人。没有人有义务透过你不修边幅的外表来发现你美不胜收的内在。”孩子们听后哈哈大笑，旋即露出一副深以为然的表情。

我顺便告诉她们，形象传递出来的，是一个人的品位、修养和审美。任何时候，整洁、端庄的仪表不只展示了一个人的素养和品位，更透露出他对人、对己的态度，折射出他的精神里子。

我同时指导她们，形象上的悦目可以通过化妆、衣着和健康的生活方式来提升：浅层一点的，可以通过得体的化妆和衣着等外在的修饰来凸显个性和气质，从而让自己变得精致、优雅；深层一点的，则可以通过培养良好的生活习惯和健康的生活方式来实现，保持充足的睡眠，注重运动健身，从而改善气色、颐养精神。

形象，是人的第一张名片。修饰形象，让形象保持清新悦目，这个过程也是悦纳自己、发现自己并滋养自己的过程。

二、又境，气胜——气质上的赏心

气质，是一个人的精神长相。人若精神粗糙、气质粗鄙，即便妆容精致、衣着考究，也会显得俗不可耐；反之，若品味高雅、心境明媚，即便装点不多，依然能滋养出旷日持久的美丽。

世上的一切表象都不是独立存在的，而有着深刻的内在缘由，人的长相亦如此，这大概就是所谓的“相由心生”。形象上的美，能唤起一个人更大的自信，能透射出优雅、从容的气质。塑造美，不能只在表象上下功夫，还要从内在里做改革，用隐性的丰富来支撑显性的悦目。

一个美好的教师，必定由内而外散发着知性和优雅，且独具个性。可以说，他读过的书以及他的全部生活经验，都可能参与他的美好。无怪乎有人说，一个人的气质里，藏着他读过的书和走过的路。

美好教师的气质里，当有书卷气。

书籍是活着的声音，“哲人日已远，典刑在夙昔”（文天祥），读有质感的书犹如与哲人对话，能滋养出精神上的万千气象，让人遇见更好的自己。有质地的书读多了，表面上看不出痕迹，但你的一举一动会蕴藏着神韵和气息。所以说，读书养气。读书，当是教师的一种常态，一种生活方式：可以在每天早上，沐浴着晨光，和着学生的琅琅书声，手执一卷，静静阅读；可以在每次出行时，放一本书在包里，把等候的间隙变为阅读的好时光；可以定期去书店，在书香里滋养精神……阅读，是一个教师应有的姿势，一切有意义的阅读都是对教育的有力支撑。为师者，因书香而致远，也因书香而动人。

美好教师的气质里，当有生活的气息。

一个真正美好的教师，必定从容、优雅，这源于其内在的洒脱和自在。即便琐事繁多，也能把日子过得生动、精致，把一些寻常事经营得活色生香。无论是对待工作还是对待生活，都郑重而虔诚，把每一天过成典藏版。工作时，执一颗进取心，全力以赴；生活中，执一颗悠然心，享受清风明月。把进取心和悠然心按恰当比例搭配好，这样的工作和生活本身就是诗和远方，由此酿造出的教师气质必定从容而优雅。

美好教师的气质里，还当有高雅之气，并透着不俗的审美力。

木心先生说过，没有审美力是绝症，知识也救不了。为了提升自己的审美品位，我们可以走进广大的天地，因为天地有大美，能培育出敏感的性灵；可以走进博物馆，其中的收藏品是人类生存、发展的物证，传承着文化的血脉；可以走进歌剧院，接受美的熏陶……见识过美，便容易滋养出内在的生趣，从而拥有一种高雅之气，哪怕你是在一个平凡的岗位上。

三、至境，格胜——灵魂上的高贵

在一切美的创造中，内在的质地永远是第一位的。让内在的质地向美而生，才是在根上着力。

心地的善良、思想的丰富、灵魂的高贵，这些是一个人的内在美，可以穿透岁月，恒久如斯。对于教师，这些尤为重要。因为教育是灵魂的事业，师者的一举一动都有着自己人格的介入，对学生会产生一种无痕的濡染，如羚羊挂角，虽无迹可求，却有种内在的力量。

教师的内在华彩，立足于其心地的善良。

“至善方能至美”（柏拉图），一个善良而有悲悯心的教师，本身就具有一种强大的力量，能像煦暖的阳光照射到学生身上。“我欲仁，斯仁至矣”（孔子），且让我们时时耕耘自己心灵的土地，使心地保持柔软，然后播撒下善良的种子，让这片土地生机绵延，成为一座花香袅袅的果园，绽放出五颜六色的诗篇。

善良体现于具体的言行之中，是点点累积沉淀的习惯和信念在工作、生活中的渗透。作为教师，我们需要时时处处涵养自己的性情和品格，修之于身，其德乃真。教育，某种意义上也是一种修行，所以古人说“修道之谓教”。

教师的内在华彩，取决于其思想的丰富。

思想的高度决定人生的高度。对教师来说，其思想的高度不但决定了自己的人生高度，还会影响到学生的精神高度。只有教师自身思想丰富，他的学生才有可能思想丰盈；反之，如果教师自身思想孱弱，他的学生就多半精神懦弱。一个思想丰富的教师，本身就是一本活的教材：对世界有自己独立的看法，对知识有自己独到的理解，对育人有自己坚定的信念，从而使自己的个性熠熠生辉。教师，当努力做精神的巨人和思想的富者。

思想若要丰富，必须经历深刻的思考。思考是一种艰巨、复杂甚至是痛苦的创造性劳动，“伟大的作品都是蘸着血泪写成的”（托尔斯泰），同理，伟大的思想也无不历经思考的阵痛。作为教师，我们未必要拥有伟大的思想，但必须有独立思考的能力和品质，否则，就难以真正担负起启迪学生心智的责任，更难以促成他们精神的主动成长。

教师的内在华彩，根植于其灵魂的高贵。

世界上再没有比人的灵魂更宝贵也更高贵的东西了，因为美是从灵魂深处发出的。“有境界则自成高格”（王国维），没有美慧的灵魂，就没有超拔的境界，就难成高格。“所谓高贵的灵魂，即对自己怀有敬畏之心。”（尼采），所以，我们要坚守自己的内心信念，面对任何考验都坚忍不拔。

灵魂上的高贵，不能因为他人的要求和舆论的裹挟而刻意追求，而应经由内心的省察、理性的思考而自觉拥有，它是美慧之心的自然流露。诚于中，形于外，这样的品格才是丰盈动人的。

一个教师的内在美好，以及由此所能创造的美好教育人生，我希望是如下这般——

追求上，不断探索价值，做教育的行者，行者不驻，故无疆——这是教育人生的长度。

学识上，精进专业素养，做教育的学者，学者乐学，故无涯——这是教育人生的宽度。

思想上，学会哲学思考，做教育的智者，智者善思，故无忧——这是教育人生的深度。

灵魂上，提升人格修为，做教育的仁者，仁者爱人，故无敌——这是教育人生的高度。

唯有这四个维度都不断增加，教师的教育人生才算丰盈。只要方向对，就不怕路远，能走多远走多远。这个过程也是教师自身臻美的过程。我相信，经过不懈的努力，经年之后再回首，你会发现，你已收获了一个更好的自己。

教师，首先要让自己成为一个美好的人。这是教育的起点，同时也是教师在某个阶段的终点。这个过程需要汗水，甚至需要泪水，但最终会收获欣慰和快乐。因此，任何一个追慕美好的人，都会追求一个更加美善的人生，并在这样的人生里感叹“生而为人，真好”。

用仪式感擦亮一些重要时刻

仪式感，就是把工作和生活看成诗和远方。仪式感在本质上是对生活的深情，以及对人的深爱。

——题记

在人生中的许多时刻，我们都需要借助仪式来表达内心的庄重和虔敬，并赋予未来以期盼、祝福和新的意义。那份庄重和虔敬，使得我们在那个时刻的所见、所闻、所思、所想，都带着清晰的印记留存在心底，正如洛蕾利斯·辛格霍夫在《我们为什么需要仪式：心灵的意义、力量与支撑》一书中说的，“仪式能令我们在自由和秩序之间达到一种平衡，更有意识地去感觉、珍惜生活中的特殊时刻”。

一、两件极具仪式感的事

儿时，最盼望的事有两件。

一件是过生日。早早便倒数着这天的到来，简直是刚过完这个生日就盼望着过下一个。每当这天终于姗姗到来时，我都会特意换上自己最中意的那件衣服，每个扣子都扣得一丝不苟，然后认认真真地洗个头，这才欢天喜地地呼朋引伴而去。

这天，最隆重的环节是：外婆奢侈地烧一锅面（搁往日是断然不舍的），然后煮两个鸡蛋，煮得通通透透的，浸入冷水，剥得光溜，慎重地放在面上，最后小心翼翼地铺上红萝卜丝做的浇头。橙红的浇头衬着雪白的蛋面，显得温暖而馨香。

此时，外婆会坐在一旁看我狼吞虎咽地吃，脸上满是笑容，带着欣慰、满足和疼爱。而我总是舍不得吃那两个鸡蛋，经外婆再三催促“快趁热吃了，两个都吃掉，考试考一百”后，才小心翼翼地一小口、一小口地吃。我想让幸福持续得久一点，再久一点。

另一件是过年。和所有的小伙伴一样，我早早就准备了新衣，叠得方方正正，放得小心翼翼；提早一周剪了头发，期待新的一年从“头”开始；跟随大人里里外外、彻彻底底地大扫除，希望能扫出新年新气象……一切都是为了年三十这天的隆重登场。到了年三十这天，待贴了对联，吃了年夜饭，我们便迎来了最激动人心的发压岁包的时刻。

我尤其期待外公的压岁包，不是因为其中的数额，而是因为他每年都会特意去 20 里外的镇上，将 5 元纸币换成 25 张连号的两毛纸币，再用红纸条扎上。淡绿的纸币配上大红的纸条，清新又典雅，像一本精装的书配上一条精美的腰封。

每次，我都是双手郑重地接过压岁包，然后聆听外公的叮咛和教诲，肃穆而虔诚。过后，我会格外珍视这个压岁包，不到万不得已，是万万不会动用它的。我至今记得从压岁包里抽出第一张纸币时的那种纠结与不舍。

这两个温情的细节，极具仪式感，并带着恒久的色彩留存至今，没有丝毫褪色，如同一枚鲜亮的戳带着时空的印记定格在我的心里。

二、仪式感，在于心的虔敬

什么是仪式感？

《小王子》中有一个片段给出了极好的解释。

小王子驯养狐狸后，第二天去看它。

“最好还是在原来的那个时间来。”狐狸说道，“比如说，你下午四点钟来，那么从三点钟起，我就开始感到幸福。时间越临近，我就越感到幸福。到了四点钟的时候，我就会坐立不安；我就会发现幸福的代价。但是，如果你随便什么时候来，我就不知道在什么时候该准备好我的心情……应当有一定的仪式。”

“仪式是什么？”小王子问道。

“这也是一种早已被人忘却了的事。”狐狸说，“它就是使某一天与其他日子不同，使某一时刻与其他时刻不同。比如说，我的那些猎人就有一种仪式。他们每星期四都和村子里的姑娘们跳舞。于是，星期四就是一个美好的日子！我可以一直散步到葡萄园去。如果猎人们什么时候都跳舞，天天又全都一样，那么我也就没有假日了。”

生活庸常、细碎，需要手动加一点儿情怀，这种情怀需要一点儿外部加持，这种加持就是仪式。

仪式，词典里解释为“举行典礼的程序、形式”。仪式本身没有意义，但却是内心与外部世界建立联系的通道，如同药引，其意义在于“引”。

史铁生说，仪式，大约有着图腾的意味，是要虔敬的。怀一颗虔敬的心，有意识地让某一时刻与其他时刻不同，这便是仪式感。

仪式感带来的内在暗示可以使人专注于那一事和那一刻，在时间的坐标系中给自己一个确定的当下，并全情投入。这种投入能让人感到一种自控和庄敬的力量，从而自觉崇高、庄严、神圣。

“中国有礼仪之大，故称夏；有服章之美，谓之华。”（孔颖达）千百年来，我们一直生活在一个注重仪式感的国家里。元宵的火树银花，清明的祭祖扫墓，中秋的赏月吃饼，端午的食粽赛舟，重阳的登高望远，春节的拜年贺岁，如果没有仪式感，这些节日便与平日无异。

同时，这些带有仪式感的节俗因其中的文化追寻和情感慰藉，又超越了仪式感本身。元宵火树的驱秽求吉，清明祭祖的慎终追远，中秋月圆的千里相思，重阳登高的敬老感恩，新春贺岁的阖家团圆，成了我们的文化记忆和精神感念，散发着温暖的人性光芒。

仪式感之于个人，是一种浪漫；之于集体、国家，是一种文化。

仪式感的意义在于：它能唤醒我们的内心，从而使我们庄重地去对待生活，去对抗世俗的粗糙，去过有美感的人生。

三、用仪式感擦亮生活

如果生活无趣如一潭死水，很可能是因为你缺少了仪式感，心不在焉，错失了一个个本应美好的瞬间。

仪式感，是基于对生活的热忱和期待。庄重地对待生活中的一些具体时刻，会使那一刻变得隆重、与众不同。虽然明知第二天工作依然烦琐，生活依然细碎，但有了一颗真诚、虔敬的心，那些具体的当下会被诠释得格外生动、有趣，从而让人每天活在惊喜里。

仪式感，是无论你多么忙碌，都会留出时间装点自己：让自己的脚步从容一点儿，让生命的节律清晰一点儿，让生活的色彩绚丽一点儿——

每次出门前，一定要稍施粉黛，认真检查自己的着装，永远保持清新、整洁。

每周订一束鲜花并精心侍弄，看着它开了又谢，闻着它清新的香味，感觉小小世界中的动人风情。

随手记录生活中的“小确幸”，如果发朋友圈，一定要配上应景、应时也应主题的图片和语言。

细心保留各类票据，并在背后写上一点儿当时的小插曲或是情节。

看书前不一定要沐浴焚香，但一定要将手洗干净，然后静享生命中的片刻欢愉。

…………

这些小小的仪式，维系并表达着人与人之间的爱、责任和信赖。仪式感不需要繁文缛节，不需要大费周章，只需要一点儿小心思，如同加了一点儿色彩，就能把日子过得简单而精致。这样的日子是日历上庄重而清晰的一天，经年后回望，依然会充满欣喜。

仪式感需要花费时间，但正是因为需要花费时间，才体现出它的庄重和内涵。有没有在乎一个人或一件事，就看你是否愿意为其花时间。很多时候，“亲自怎样”体现的不是别的，而是一种爱。送一个人，并愿意为他多一些驻足与目送的时间，那是发自内心的尊重和在意。

王小波说："一个人只拥有此生此世是不够的，他还应该拥有诗意的世界。"这个诗意的世界不在远处，就在我们身边，只是需要一点儿仪式感做舞美。只要带着仪式感去做，再平淡无奇的时刻也能由一个个逗号变成一个个叹号。

仪式感看似可有可无，实则意义非凡，只是这种意义藏匿于悄然间。仪式感可以对抗世俗的粗糙和消极，诸如懒散、消沉、沮丧、颓废。

仪式感是即便生活布满灰色，心中依然保持澄然底色，永葆向美的勇气和信心。心有仪式感，即便穷苦困厄、时运多艰，也能保持积极乐观、不失生趣，用心对待自己，用情对待他人，用爱对待生活，尽其可能地保持审美的人生态度。

从本质上讲，仪式感是对生活的深情，也是对人、对己的深爱。

四、用仪式感擦亮课堂

"师严然后道尊，道尊然后民知敬学。"（《礼记·学记》）自古以来，我们一直强调知识的神圣和庄严，现在，我们呼唤课堂的仪式感，这不是泥古于师道尊严，也不是僵化于教条，而是根植于教师职业的责任感。

作为育人的主阵地，课堂的使命是传承文化、滋养灵魂。其外显形式可以是生动活泼，也可以是静默深思，但都不离庄重、虔诚，以及对文化本身的尊重。课堂之上，教师只有怀有虔敬的仪式感，才能使教学不负其神圣和庄严，才能引导学生求真、向善、臻美。

《给教师的建议》中有这样一个案例：一位有 30 年教龄的老师上了堂精彩的课，老师们都听得入了迷。课后，当被问及花了多少时间来备这节课时，这位老师说："对这节课，我准备了一辈子。而且，总的来说，对每一节课，我都是用终生的时间来备课的。不过，对这个课题的直接准备，或者说现场准备，只用了大约 15 分钟。"为一节课准备一辈子，这便是虔敬的仪式感。

被誉为"全中国最博学之人"的陈寅恪，每每去授课，都用双层布缝制的包袱皮包裹书本，而且特意用颜色做了区分，佛经、禅宗的书一定用黄包袱皮，其他的则用蓝包袱皮。

他课前总是郑重其事地换上长衫，然后早早来到教室，在黑板上写好重点。

他会在课堂上点名叫学生朗读，学生哪怕读错一个字，都必须重读，再小的脱漏也逃不过他的耳朵，那些文章典籍就像长在他的心里一样。

最令人感佩的是他的“四不讲”原则，即“前人讲过的，我不讲；近人讲过的，我不讲；外国人讲过的，我不讲；我自己过去讲过的，也不讲。现在只讲未曾有人讲过的”。

即便后来双目失明，他依然坚持授课，“不教书怎么能叫教书匠？”

即便满腹经纶，他依然每周花两天时间进城跟人学西夏文和蒙古文。其非凡卓绝的背后，是献身于教育的那种神圣的孤独和寂静的苦行。

对于授课，陈先生始终怀着宗教般的虔诚和仪式感，这是一个教师最美的姿态。

对于课堂，我也是心怀虔敬。每次课前，我都会提早五分钟走进教室，打开课件、投影仪，拉上电脑桌边的窗帘，看值日生将黑板擦拭干净，然后静静坐着。预备铃响起后，我走上讲台，挺拔地站立，带着微笑，但神情庄重。待所有学生端坐好，并带着期待的眼神聚焦于我时，我才宣布上课，声音铿锵有力，然后师生相互鞠躬问好，彼此以饱满的状态和热情，开启一节课的旅程。

于我，那三尺讲台是一方世界，理应神圣、庄严。

五、用仪式感擦亮心灵

心灵的成长并非一个抽象的过程，它在具体的环境中真实地发生。仪式感可以营造形象化的场景，以呼应这种成长的节拍，并用生动可感的过程丰富和滋养人的心灵，让人隆重地面对人生的重要时刻。

教育的意义在于唤醒，仪式感能唤醒孩子对美的向往。所以，在教育过程中，我用心经营着诸如开学、生日、离队、毕业等活动，期待孩子们保有一颗向美之心，相信这样成长的孩子，未来更有可能把生活过成诗。

每次接手新的班级，我都会在开学报到那天，让孩子们一个个大声说出自己的名字，并讲述他们名字背后的故事。

每学年结束时，我都会隆重地给孩子们拍一些视频。孩子们在2017年六一节拍的一张照片，以其青春靓丽的校园风而成了《班主任之友》杂志的封面，不用说，这给他们带来了很大的惊喜！

每个节气，我都会与孩子们一起去看校园里的一草一木，并用相机定格，用文字记录。

每逢有孩子生日，我都会组织全班为他制造惊喜，听他发表成长感言，见证他给父母打亲情热线的温情时刻。

每到新年，我都会组织孩子们在大红的心愿卡上写下自己的新年愿望，并郑重其事地挂到班级“心愿树”上，给新年一个美丽的期许。

每每有孩子申报岗位或是节目，我都会隆重地发给他一张证书，并郑重地盖上班级的印章，留下一个鲜亮的印记。

哪怕是准考证，我也会郑重其事地一张一张地发，亲手交到孩子本人手上。孩子们说“如同接过一张奖状”，还说“那一刻的心情无比激动而庄重”。我与他们一一击掌，祝福每一个孩子好运。

中考那天，我亲手送给每个孩子一支超大的五彩棒棒糖，祝愿他们好运、好心情。

…………

以初二时的儿童节成长仪式为例，其中有很多点滴值得回忆甚至是铭记。

第一个环节——过“成长门”。每个孩子都穿上精心挑选的班服，在全家人的陪同下和全场人的注目下，由父母牵手走到台前，然后独自一人坚定地走过那道意义非凡的“成长门”。我们看到，每个孩子都精神昂扬，神情庄重，此刻的他，是全场的主角。

第二个环节——爱的献礼。有真诚的亲子对话，有孩子自编的舞蹈，有孩子自创的小组唱，有家长的诗朗诵《孩子，我希望你自始至终都是一个理想主义者》，有妈妈们的手语表演《谢谢你》。因为用心和真诚，这些节目无不动人，座中许多人泪珠盈动。

第三个环节——爸爸妈妈赠送私人订制的成长礼物。有的家长送跑鞋，希望孩子走好人生路；有的送手表，希望孩子珍惜每一个时刻；有的送望远镜，希望孩子把目光放长远；有的送相机，希望孩子用自己的眼睛去发现美；有的送一支笔，希望孩子书写好自己的人生；有的送一套邮集，因为方寸之间的小小邮票是包罗万象的博物馆；一位爸爸，特意从日本带回一幅宫崎骏的画，送给酷爱画漫画的儿子；一位妈妈，送给女儿一枚金镶玉的印章，希望孩子外在光彩熠熠，内里温润如玉；还有一位妈妈，为女儿刚失去母亲的同桌准备了一份同样的礼物，说会把她当成自己的女儿……美好的寓意和期望，在这个仪式感十足的情境里，得到了强化和渲染。许多孩子说，接到礼物的那一刻，他们真的是泫然泪下，那种被爱的感觉会让他们长久地幸福满怀。

第四个环节——致最好的自己。每个孩子都给未来的自己写一封信，并把信郑重地装进信封，给更好的自己一个美丽的约定。

第五个环节——“阅读·成长”专题讲座。受邀的著名编辑池沙洲先生对着家长、孩子侃侃而谈，谈了两个小时，听者无不意犹未尽。讲座之后，几个孩子还围上去与池老师继续交流。有孩子说：“池老师的讲座打开了我们深度阅读的大门。”有新认识和新突破，才是成长的真义。

相信这样一种充满温情、欢乐与自豪的人生体验，会成为每个孩子一生的美好记忆。或许只有这种独具仪式感的场合，才能更好地帮助孩子感知信念的力量。

他们说：

“今天，对我们来说是一场盛宴，也是一条重要的分割线，更是一个难忘的生命驿站。”

“今天，我觉得自己内在的有些力量觉醒过来了，孔子说，‘朝闻道，夕死可矣’，我想此刻觉醒还不算晚。”

“我平时跟爸妈接触不多。这次，当我握住爸爸的手走向‘成长门’时，我感受到了他苍老的气息，这让我吃惊。原来，爸爸不会永远强大，他也会变老。弟弟 9 个月了，调皮又可爱，还需要妈妈抱着。但即使这样，为了见证我的闪光时刻，妈妈依然带上弟弟，默默地坐着陪我、看我。每每回头看到妈妈在哄弟弟时，我就有一种幸福感，也有一种责任感。这次活动，让我似乎听见了自己成长的声音，也让我看见了自己的更多可能。”

人生并不会因为一场仪式而突然发生改变，因为人的成长绝非一日一时之功，而将贯穿生命的始终。但是，仪式能够让我们在直观而强烈的形式中，感受到这种成长的力量，并信心满满地开启新的征程。如同按下一个按钮，在开启一个新的时刻的同时，也告别了一段过往。

在这次成长仪式中，即便是那些细节，也都无比动人，并让仪式感显得丰满而深刻——

孩子和家长早在两个月之前便开始精心挑选班服，微信群里那热烈的讨论场面，即便隔着手机屏幕，都可以明显感觉得到。

一位女孩主动要求承担课件的制作和播放任务。她从两年来数千张照片中挑选出她认为最经典的几张，制作成课件，并为每个活动环节量身挑选背景音乐，反复调试，只为追求更好的效果。

两位竞选成功的主持人，为了让主持串词更妥帖，同时担任了活动的总导演，精心打造每一个环节。“成长门”该放何处，路线该如何设计，牵手方式该怎样，无不精心思量。

几位平时内向的女孩，主动申请担任“时光流逝”环节的舞蹈者。多少个放学时间和周末，她们都在形体教室里一遍又一遍地排演，咬牙坚持，最终蝶舞飞扬。

男孩们也不甘示弱，他们中的几位申报了“鬼步”舞蹈。他们说摔伤的痛只有自己知道。他们最终也惊艳了全场。

为了亲历和见证孩子们这一非凡的时刻，所有的家长都安排好了时间，甚至原本已经离婚的夫妻，在这个时候也都走在了一起，因为“这一刻的缺席会成为一生的遗憾”。

当我发现打气筒只配送了一个，根本来不及吹出一百多个气球时，家长们一呼百应，甚至请假前来，或带来打气筒，或出劳力，众人拾柴，场面热火朝天。

一家长联系了专业的摄影师，只为定格那些不可错过的瞬间。

一家长为全班准备了一只三层生日蛋糕，还把班徽制作在顶层，满是心意和诚意。

一家长特意带来了代表喜气的氢气球，只为了把气氛点缀得浪漫唯美。

一家长见众人汗流不止，便为每人购买了一小份水果拼盘。

…………

隆重的仪式，能够在每个参与者的内心产生精神的力量并久久回旋。英国社会学家邓肯·米切尔说过，“仪式的意义在于通过隐喻或转喻来陈述心灵体验”。参与了仪式的每一个环节及其细节，会让那一刻变得格外有意义，因为那一刻有“我”的在场。教育也一样，若没有仪式，学生的校园回忆哪来的落点?

当然，仪式并非是走形式。如果整个过程中不能产生内心的庄严，而只是走过场，这样的“仪式”便是矫情或是作秀，缺乏内在的力量。我们常常看到，不少学生在宣誓、签字、拍照后内心依然无感，很大程度上是因为这种场面只是为了“做给别人看”，而没有直击他们的心灵。

仪式感，可以让一些原本无彩的日子变得光彩熠熠。教育中，我们就该用仪式感擦亮一些重要时刻，使之在岁月深处始终闪着微光，带给我们一生温暖的回忆。

怀一半诗心一半匠心

师者，当怀一半诗心一半匠心。诗心是仰望星空，匠心是脚踏实地；诗心是提升境界，匠心是印证境界；诗心是致其广大，匠心是尽其精微；诗心是向美而生，匠心是让美成真。

——题记

“凡是艺术家都须有一半是诗人，一半是匠人。他要有诗人的妙悟，要有匠人的手腕，只有匠人的手腕而没有诗人的妙悟，固不能有创作；只有诗人的妙悟而没有匠人的手腕，其创作亦难尽善尽美。妙悟来自性灵，手腕则可得于模仿。”

这是朱光潜先生对艺术家的一段精妙论述，对教师的自我完善也极具启迪意义。师者，也当有一半诗心一半匠心，用诗心指引，用匠心行走。若没有诗心，便难以萌发美好的教育理想；若没有匠心，美好的教育理想便会多半流于空想。唯有两者完美融合，才能实现教育的尽善尽美。

一、师者，当怀一半诗心

诗，其实印证着一种相遇。生命中一些偶然的相遇，那些瞬间的惊奇与感动，会使孤独的个体意识到自己和自然洪荒、历史洪流、身外之物、世间之人的联系。诗人珍视这种相遇，将其诉诸文字，用文字表达颜色、味道和动感，以及智慧、浪漫和启示。

教育，也印证着一种相遇，尤其是师生之间的相遇，它追寻的是两者之间心灵的契合与共鸣。教师虽未必是诗人，但需要涵养一点儿诗人的情怀，话语间需透露一点儿诗人的意趣。这里的诗不是一种文体，诗人也不是一种身份，而是在做人做事中的一种情怀、一种品性和一种格调。师心，同时也是一颗诗心。

任何职业都有着其独有的艰难，也有着其独特的美妙。教育亦如此，除了困难和挑战，它也可以有诗意和浪漫，正如马卡连柯说的，“教育是像诗一样美好的科学，尤其是教育新人的过程更如同诗歌创作一样，其间充满着艰难困苦的探索，同时也极富浪漫传奇的色彩”。

是故，师者，当怀一颗诗心。

诗心，是一颗善感的心。

诗者，天地之心。诗人以天地为稿纸，以心灵为笔墨，听自然的音调，观自然的图画，写自然的奥秘。风声、鸟声、松涛声，都是诗的韵律；花的颜色、草的精神、水的盈动，都是诗的画面。诗人凭借超凡的感受力，发现每一种事物的独特魅力；还凭借非凡的创造力，将寻常景象点化得精彩无比，于是世间无往而不美。

教育中，教师面对的多是一些常规琐事，这些零碎的细节常常被熟视无睹。倘若教师能在寻常情景里，把看到的、听到的，自觉地与教育相联系，他便拥有了诗心。拥有诗心的教师，活在教育之中，会自觉地培育起对教育细节的敏感性，会对身边的育人细节，哪怕是极简单的细节，投以非凡的心；拥有诗心的教师，眼中所见无不是素材，无不是资源，能从惯常的情景中创造出别开生面的境界。

诗心，是一颗热忱的心。

修辞立其诚，诗人的感情是丰沛的、真切的、热忱的，他们以热情深入世间，并把这种热情诉诸丰沛的文字表达。人有一颗热忱的心，便容易物我交感，乃至物我两忘，灵感便会源源不断，意趣也会滔滔不竭。

诗作的妙处如此，教育的妙处亦如此。只有丰盈的内心才能造就诗人一般的气质，只有至深的情感才能成就诗人一般的灵魂。拥有一颗诗心，师者的言语便会像清明的露珠，滋润学子的心田；拥有一颗诗心，师者的目光便会像四月的阳光，透明温润，带着琉璃般的质感，让每一株“幼苗”都生机无限。

诗心，是一颗妙悟的心。

诗，始于模仿，成于创造，中间的桥梁则是妙悟。好比桑叶到了蚕腹，经过一番咀嚼而成丝，丝虽然不是桑叶，却从桑叶变化而来。桑叶到蚕丝的质变，靠的正是妙悟。妙悟与天赋有关，但更是处处留心积累的结果。有意无意间，处处留心和积累，或回顾，或回味，或静观，或静思，如此才会有深厚的修养，才会有不竭的妙悟。

教育，同样起于模仿，缘于经验，成于创造。没有人生来就会做教师，每个人都从学习和模仿起步，但最终都要学会自己走路并走自己的路。师者糅合各种教育经验，经过一番妙悟而成教育艺术，这好比米经过发酵而酿成了酒。在育人的表面我们虽未必能看出痕迹，但是师者的一举一动，都潜藏着他们的神韵和气息。这番气韵同样需要教师在教育实践中仰取俯拾、点点累加。妙悟因人而异，正是因为个人化的妙悟，才形成了师者独特的教育风格。

诗心，是一颗求美的心。

诗用美的文字描写人的情绪和意趣，没有美感，就不成其为诗。美好的诗篇含有律动的节奏和流动的画面，能够让人看见一个美丽的世界，和一些满怀爱的人。走进这样的诗篇，人会醉心于这个世界的美好而忘掉它的不美好，从而更加深情地活着。为了这个目标，诗人竭力锤炼自己，除了技术，还有灵魂。一方面，他们做人格的涵养，养成率真的性情和光明的品格；另一方面，他们做技艺的训练，写出和谐的节奏、适切的词句和合乎自然的美感。

教育也是关乎美的事业，需要师者专注于审美，处处涵养起情性与品质、智慧与才华，从而成就一颗美慧的诗心。倘若教师能用自己美慧的诗心，唤醒学生心灵深处的爱、良知和尊严，为他们播下良善的种子，让他们如作物般向上向光地生长，最后长成一片无忧的所在，这样的教育便是大美的教育，丰盈悦目，处处焕发着人性的光芒。

诗心，是一颗沉潜的心

文章出苦心。诗人在锻造作品时常常呕心沥血，一个字都不肯苟且，一个调都不肯敷衍。抑扬顿挫，平上去入，每一个字都经过苦心的酝酿，每一个调都传递着严谨的消息。瑞典诗人特朗斯特罗姆写作极为缓慢，有时一年只写三首诗，有些诗甚至用了几年的时间才打磨完成。终其一生，他发表的诗作才200余首，且大多为短诗。正是因为对文字精准的极端强调，他被人评价为“像打磨钻石一样写诗的人”。而正是这份沉潜，让他获得了诺贝尔文学奖。

功不唐捐，功夫是不会错用的。“读书破万卷，下笔如有神”，“读书破万卷”是功夫，“下笔如有神”是灵感，只有下足够的功夫，灵感才会飘然而至。教育亦如此，须有一颗沉潜下来的心，才能使灵感和创意不期而至。你以为自己坐享其成，其实是功夫到家之后的必然收获。

诗心，是一颗洒脱的心。

苏东坡论诗，谓“常行于所当行，常止于所不可不止”，也就是说，进退要恰到好处，这种顺其自然的心态透着诗人的洒脱。王徽之居山阴，有一天夜雪初霁，月色清朗，忽然想起他的朋友戴逵，便乘小舟到剡溪去访他。刚到门口却掉头就走，人问其故，他的理由是“乘兴而来，兴尽而返”，足见其作为诗人的率性。正是这样的洒脱和率性，滋养着诗人的性灵，使他们的创作充满了灵感。

教育，面向的是一个个活泼泼的生命，培养的是一个个光明的人。若师者怀有一颗洒脱而率性的心，那他教育的天地里便会风清月朗，便会从容自在。教师在心旷神怡的状态里，感官会打开，会变得更加敏感，能涌现出更多的灵思，从而让教育更加灵动、自由。

二、师者，当怀一半匠心

雕刻大师高应美，雕琢一堂不足10平方米的六扇格子门，用了17年。因为大师的专注和执念，这堂格子门充满了生命的质感，千百年来一直挺立在那个小村落里，闪烁着历史的幽光。一个工匠，凝聚毕生的梦想、心血和才情，用生命中最鼎盛的17年，铸就了一个传奇。

同是匠人，手艺有高低，格局有高下。匠，分匠气与匠心。前者意味着机械、重复、固执和守旧，后者意味着执着、专注、完美和情怀；

前者重斧凿之气，后者浑然天成；前者重技术，后者重艺术；前者做产品，后者出作品。

取法匠气，只能成为一个亦步亦趋的技工，就教育而言，多成教书匠，“虽小道，必有可观者焉”，但“致远恐泥”。取法匠心，才有可能成为巨匠，就教育而言，才有可能成为人师，能适应各种变化，创造诸多可能，让教育进入到一种审美境界。匠心，才是一个职业的灵魂。

是故，师者，当怀一颗匠心。

匠心，是一颗执着的心。

匠心就是用最初的心做永远的事，秉持“一生只做一件事”，始终如一，执着而纯粹。高应美终其一生都在雕刻，他追求的是极简的纯粹，将产品做得臻于化境；“寿司之神”小野二郎，一生只做寿司，他说自己一捏寿司，就感觉站在了舞台的中央，甚至经常梦到做寿司，然后被一个个奇妙的创意惊醒。执着和专注，让他们获得了成功，更让他们赢得了敬重。

对于教师，匠心首先是一颗纯粹的教育心。他始终记得为了什么而出发，并从一而终。于漪老师一生秉持“一辈子做教师，一辈子学做教师”的初心，不改本色，在喧嚣中独守一片平淡，在繁华中坚持一份简单，在教育的大地上留下了恒久的印记。身为教师，我们应专注地做好教育这一事，永葆一颗初心。念兹在兹，无日或忘；念念不忘，必有回响。

匠心，是一颗创造的心。

匠人的工作以重复居多，但出色的匠人，能从重复中发现其中的“巧”，自出心裁，这便是创造。创造是旧经验的新融合，在“旧”中生发出“新”，在“新”中融合了“旧”。有人看到毕加索针对同一题材画了又画，忍不住好奇地问：“是否有很多人向您订购了这一题材的画，难道有那么大的需求吗？”毕加索淡然回应：“光线每分钟都不一样，每天也不同，所以我画出来的也总是新题材。”有一颗创造的心，“新”便无穷尽。

教育，看似重复劳动，其实充满了各种可能与变化，这决定了它是一项极具创造性的工作。学生是各具特点的，即便是同一个学生，也处在变化之中，因而没有一把万能钥匙可以通解他们的所有问题。这些，无不挑战着教师的应变能力和教育智慧。如果没有一颗创造的心，教师便无法适应各种变化，也无法应对各种问题。只有拥有创造的源头活水，不断精进自己的教育技艺，我们才能让教育生活永远清新如许。

匠心，是一颗极致的心。

匠人最典型的气质就是追求完美和极致，对自己的手艺拥有一种近乎自负的自尊心，他们认为伟大不可能诞生于凡俗。匠心，往往意味着慢，但其背后隐藏的却是匠人的专注和他们对完美的追求，一丝不苟，苦心孤诣。小野二郎坚持取最高标准，他认为工作稍不留意就可能错过食材炮制中须臾即逝的“美味瞬间”，因此对鱼的料理、汤的火候、上菜的顺序无不要求严苛。如此，他才做出了值得顾客花一辈子等待的美味。真正的匠人，把自己的手艺当作一种信念，并用毕生的心血和张扬的才情赋予它撼世的生命力，使之达到诗意与世俗的完美融合。

作为一项关乎美的事业，教育的深层内涵在于追求技与艺的完美结合。所以，师者，也需要像匠人一样追求完美，自成境界，也自成高格。虽然最终的结果未必就是至美，但那种不断趋近至美的感觉，会让自己感到无比的满足和欣慰。

匠心，是一颗自由的心。

瑞士钟表业的奠基人布克，能轻松地制作出日误差低于 1/100 秒的钟表。后来，他因宗教问题被囚禁，在这期间他连日误差低于 1/10 秒的钟表也制作不出来。对此，布克这样认为：“一个钟表匠在不满和愤懑中，要想圆满地完成制作钟表的 1200 道工序，是不可能的；在对抗和憎恨中，要精确地磨锉出一块钟表所需要的 254 个零件，更是比登天还难。”由此他进一步推断，能够建造工程浩大、做工精细、连一个小小的刀片都插不进去的金字塔的人，绝不会是奴隶，而只能是一批怀有虔诚之心的自由人。

一个自由的人，才可能身心舒展，才可能拥有宝贵的创造力，创造出一个又一个的惊喜。因为自由方能自主，自主方能自在，自在方能畅达。一个内心自由的教师，更容易从他所从事的教育事业中获得成就感和价值感，也从而更加热爱自己的教育事业。这份热爱会让他倾心投入，执着而虔诚。

匠心，是一颗宁静的心。

咫尺匠心难。与众不同的东西，在制造过程中往往是枯燥的、重复的和机械的，没有一颗宁静的心，是难以为其倾注时间和心血的。用宁静抵挡喧嚣，用从容抵抗诱惑，最终才能创造出超凡的价值。宁静方能致远，静，是在平常中悄然积蓄力量，它是一种与动同等重要的力量，经得起恒久的等待和磨砺。

“静者心多妙”，宁静的内心，往往多智慧，因为一切严格意义上的精神生活都是在内心宁静的时刻展开的。教育，是慢的艺术，需要时间，需要等待。只有把心归于宁静并坚守这份宁静的师者，才能寻找到教育的本真和美好。世界再嘈杂，师者的心也必须是宁静的，在时间的洪流里，遵从自己的内心节奏，听从内心的真实声音，坚信“成功不必在我，而功力必不唐娟”（胡适），并甘愿为此付出，除了汗水，还有年华。

匠心，是一颗有情的心。

一个真正的花匠，他眼里的草木不只是一株株的植物，他还能看到花儿盈盈草儿依依的美，能看到生命的时序和成长的节奏；一个真正的木匠，他眼里的每一块儿木头都是有用的——平整的木头可以做椅面，较长的可以做椅腿，短木可以做横档，连一块儿小木头，都可以做加固用的木楔。

因为有了这份信念，大匠眼里便无弃材，任何素材都是有生命的。在他们看来，成就作品才能成就自己。因此，面对手中的素材，他们深怀敬畏，饱含热情，精心制作，尽全力去成就它们，同时也让它们成就自己。

倘若在教育中，教师对孩子也是这般珍视，以对待孤品的心对待每一个孩子，并用慢速快门来记录他们成长过程中的美，他必定能为他们营造出局部的晴天，唤起他们对生活的热爱和柔情，从而让他们深情地对待这个世界。

师者，当怀一半诗心一半匠心，以诗心和匠心成就教育的美，并成就于教育的美。

诗心是仰望星空，匠心是脚踏实地。

诗心是提升境界，匠心是印证境界。

诗心是致其广大，匠心是尽其精微。

诗心是向美而生，匠心是让美成真。

老师，要过好自己的生活

生活的样貌全凭自己手上的刻刀，所以要记得好好打造。同样是过生活，何不过一种有品、有趣、有情的生活？认真过好每一天，把每一天过成典藏版。

——题记

这个世上，每个人都是独一无二的。独一无二的你，想成为怎样的自己？过怎样的生活？拥有怎样的人生？这其实是哲学上“我是谁”“我从哪里来”“我要到哪里去”三个终极问题的另一种表述。你把这些问题想得越明白，你的行动就会越坚定，你离幸福生活也会越近。

不可否认，身为教师，我们的工作和生活是相互影响的：工作做得风生水起，生活也就容易过得活色生香；生活幸福快乐，工作便会平添顺利。从广义上说，工作是生活的一部分，其终极目的还是为了幸福生活。所以，亲爱的老师，你若想拥有美好的教育人生，先要自己活得丰盛。从现在起，做一个清醒的人，知道自己此刻在哪里，想要到哪里去。对此，我的看法是：过一种有品、有趣、有情的生活，精致到老，优雅一生。

一、过“有品”的生活——生活需要有品，而不只是活着

生活本身是中性的，色调和味道要靠自己调。倘若能用审美的人生态度对待生活中的每一个具体时刻，日子就会变得与众不同。所谓有品，就是赋予平凡以审美格调，不苟且，不敷衍，不将就。太俗，便油腻；太枯，便成渣。

生活中，我会每天化一个淡淡却精致的妆，让自己保持神采飞扬，如同赴一场与生活的约会，也就十来分钟；买几件心爱的衣服，春夏秋冬各有一套，不一定昂贵，但一定要适合自己，能让我上得了台面，展示出一个知性、优雅的教师形象。

自己的居所，每天都打理得纤尘不染。见器如见人，洁净，永远是品质的第一要素，也能从中看出主人的精致程度。打理，是和家人一起进行的。我洗衣他拖地，我做饭他洗碗。不请钟点工，不是为了省钱，而是因为——这是我的家，我爱这个家。因为爱，所以付出；因为付出，所以更爱。对事，对物，对人，都一样。

那么，这是不是需要花费大量的时间？其实，把杂物通通分门别类纳入杂物柜后，每天只需扫拖擦拭即可，不需半小时，便会让你获得满满的成就感和愉悦感。试想，如果每天面对几堆杂物，你是不是容易失去信心而选择放弃？久而久之，房子便会变成“仓库”，你会越来越不想打理，从而陷入恶性循环。所以，狠狠心，斩钉截铁地一次性地将它理干净，面貌就会焕然一新，无论是房子，还是你自己。居室是一面镜子，能折射出主人的生活态度。

过有品的生活，不一定是在物质上得到富足，而是要懂得惜物，懂得照料每一样物件。惜物的人才懂得惜人，从某种意义上说，眼里有物格，人格才完整。

因而，即便身居陋室，也要过一点儿有鲜花相伴的日子。每周订一小束鲜花，不会太费钱，但可以点缀出一片空间，哪怕它几天后就凋谢，也至少曾愉悦过自己；角落里放几株绿萝，会让屋子顿时生出清新典雅。都是一点儿小心思，但能把日子变得很精致。

多读点儿书。有质感的书读多了，言行举止间便会有别样的神韵，有道是“凡有所学，皆成性格”（培根）。只需一点儿小闲暇，就能让日子变得有深味。

懂得过闲暇生活，能闲世人之所忙，也能忙世人之所闲。闲暇之际，可以陪伴家人，走进广大的天地，领略天地之大美；或是约上三五好友，拉拉家常叙叙旧；或者与自己相处，一个人，静静的，就好。

工作之时，执一颗进取心，一心走路，看路看标看方向；工作之余，执一颗悠然心，优雅抬头，看云看月看星光。没有前者，称不出生命的质量；没有后者，称不出生活的质量。

把生活过成千般风情，不是矫情，而是深爱和深情。一个有品的人，才是在生活，而不是在生存，从而不管在哪里、无论从事什么职业，都能保持一种美好的愿望，在劳作之余过一种富足的精神生活。有品的生活，不在远处，而在当下。“终日不离一切事，不被诸境惑，方名自在人”（黄檗禅师），这样的人，才是生活的主人。

二、过有趣的生活——把生活过成诗和远方

生活本庸常，需要手动添加一点儿浪漫的力量，才能将寻常的日子经营得活色生香，把生活过成诗和远方。

一顿简单的早餐，如果煮了鸡蛋，就在蛋壳上画个萌萌的笑脸，给美好的一天写个欢快的序言，其实也就一两分钟的事。

忙碌的间隙，冲一杯下午茶，并不忘用精致的杯子提亮心情。带着快乐的心做事，效率会悄然间很知趣地高起来。

与家人一起，走进大自然，看小儿捉蜻蜓、玩泥巴、放风筝，与爱人一起享受清风明月，这些都是惬意称心而又生动有趣的事。

尤其在与另一半朝夕相处时，我更是人为地制造了很多趣点，自娱自乐。比如，有人问起他的长相，我就回复“生旦净末他，金木水火他”，然后笑得前仰后合；比如，在一个特殊的日子里，我写下这一小段话发给他，看他讪讪地笑，自己也在心里乐得天翻地覆。

> 我问佛：是否须修得千年，才能得到一段良缘？
>
> 佛曰：也有例外。你已修了千年，可今生还是看走了眼。
>
> 我黯然。
>
> 我问佛：拯救胡某，需要多少年？
>
> 佛默然。

我问佛：那为何让我遇见胡某？

佛曰：明月皎皎，需要夜空的衬托。

我释然。

当然也不全是“作料”和“耍宝”，也有温情的时刻。比如，在一个初春晴和的日子里，我记录下“晨起料峭，此时正好。小儿嬉闹，他还未老”，作为那一天的笺注。在一个特殊的日子里，我写下这样一段话给他，与他一起憧憬有点儿遥远的未来。未来可期，便无畏无惧。

待到你我花甲，相携安居乡下。

你扎篱笆种瓜，我养小鸡小鸭。

你在房前种菜，我在庭院栽花。

出有黄狗伴驾，归可品茗饮茶。

慢看如锦晚霞，共着夕阳西下。

闲听檐漏滴答，和着蛙鸣呱呱。

管他风雨交加，内心安然自洽。

细数光阴年华，一生貌美如花。

这样生动有趣的日子，才是日历上清晰而深刻的一天，待经年之后回首，才不会留下“当时只道是寻常”的徒然叹息和无尽遗憾。

把生活过得生动有趣，是一种对未来的信心，能唤醒我们内在的创造力，把那些具体的当下诠释得格外动人。于是，熟悉的地方也有风景，重复的事里也能出奇崛。

幸福，未必源自惊天动地的大事业的完成，它也可以是因为生活中一些微小愿望的实现，或是意外小惊喜的到来。怀一颗浪漫有趣的心，可以让我们的生活自成一个世界，在这个世界里，充满了生气和活力，以及惊喜和惊奇。

三、过有情的生活——情味是世间最深长的滋味

木心那首《从前慢》深受世人喜爱，其中有么这几句：

从前的日色变得慢
车、马、邮件都慢
一生只够爱一个人

回想我们自己的成长过程，曾经是多么的富有——

棉鞋，是妈妈一针一线纳成的，每一针、每一线都饱含着爱，所以舒适、绵软。

米饭，是用柴火烧成的，粒粒饱满，颗颗晶莹，还有一层厚厚的锅巴，若淋上一点儿油煎烤，就可以烤得金黄松脆，满室生香。

思念，是寄于信笺的，一字一句，一笔一画，尽是深意。

…………

都是花钱买不到的精致和用心，满是踏踏实实对待生活的诚意。倾注了时间和心血，累积出的必然是值得回味和铭记的价值。

这样过生活，会不会太费时？事实上，生活的幸福、快乐和美好，全藏在这些看起来费时费力的细节里。食材，需经过一道道工序才成佳肴；美酒，需经过一年年沉淀才成佳酿。其中的乐趣和旨味，就在于那一道道的工序和那一年年的沉淀。

有情，是对人的关怀，它根植于内心的良善，自觉自愿，不求回报。有情的人，充实而有光辉，能让彼此的生活多一些色彩和温暖；有情的人，善感而细腻，总能营造出一个温情的世界。

缘分不易，遇见就要珍惜，尤其要珍惜眼前之人。生活中，我努力怀一颗柔软的心，做一点儿温暖的事，关心身边的人，尤其是家人——

随时记录家人在生活中的点滴和瞬间，待到新的一年，把它们整理出来，年年累积，便也成了情意的长卷。

记得家人的生日，隆重地对待那一天，让那一天过得富有仪式感。买一束花、做一碗长寿面，并不忘小心翼翼地在面条上铺上红萝卜丝做的浇头，让色彩也带有温馨感。

每次家人出差前，都给他一个暖暖的拥抱，并延长一点儿驻足与目送的时间，表达自己内心的在意。

带老人去他们想去的地方，随时为他们拍照留念或是记录文字，定期拍全家福，留下可供回忆的故事。

…………

柴米油盐中，不只有生活的烟火味，更有人世间的情味。不论是一个简单的目送，还是某种重大的表示，那种发自内心的情意会让彼此多一份甜蜜。这些事固然要花费一点儿时间，但正是因为需要花时间，才体现出在乎与在意。

教师，要过好自己的生活，因为我们自己就是一门课程，我们对待生活的态度会影响孩子对待生活乃至对待人生的态度。更何况，教师过好自己的生活，会为教育注入新鲜而美好的元素，从某种意义上说，是以一种拐弯的方式为教育人生做笺注和眉批。

你我皆平常，但加以雕琢，都可以闪光。如我，不过一名普通老师，一直奋斗在教育第一线，带班（曾连续七年同时担任两个班的班主任）、上课、带徒、做各种杂事，但这不妨碍我过自己想要的生活。

记得袁枚那句“苔花如米小，也学牡丹开”吗？苔花即便微弱渺小，也要努力盛开。你若盛开，便不负此生。

每一个人来到世间，都是独一无二的孤品，请记得自己的珍贵。

每一个人皆具灵性，都有发展的无限可能，你我都可以很高贵。

过一种有品、有趣、有情的生活，并不是虚幻的梦想。只要我们愿意付出真实的爱与行动，认真过好每一天，把每一天过成典藏版，我们就能在生活中实现梦想，把梦想过成生活。这是一种多么富有美感的人生！

自我革命让人走得更远

一个懂得自我革命的人，会自成一个独立而生长着的系统，一生谦卑，也一生高贵。

——题记

矿，并不自成钢铁，而需历经煅烧，一次次淬火，百炼而后成钢。

人，并不生来伟大，而需历经磨砺，一次次提纯，遍历而后成才。

每个人身上都有优点，但不可否认，每个人都自带缺憾。人的缺憾，是“神的给定”。不同的是，有的人回避这种缺憾，而有的人却直面这种缺憾。古往今来，但凡卓有建树者，无不是敢于直面自己的革命者。他们永远在自我批判，也因此历久弥坚。于是形成一种马太效应：越是强大的人越会自我批判，越会自我批判的人越是强大。

可能有人会认为，自我革命是一件消极的事，是对自己的一种否定。其实，它无比积极，而且是一种深刻的积极。例如你对着镜子观照，看见了脸上的泥垢，这便是自我反思；如果你动手擦掉泥垢，这便是自我建设，从而使你收获了比原先更干净、更美好的自己。可见每一次的自我革命，哪怕是一次微革命，都可能实现自我超越。一旦实现了自我超越，你就为人生打开了新的一页。

身为教师，我们客观上会成为学生精神成长的榜样，因此更应主动做一个真诚的自我反思者和自我革命者，一面思考一面改变，并从中获得可持续的成长。自我革命，挑战的是惰性和自满，体现的是自觉和建设。一切严格意义上的精神成长都是通过自我革命展开的，自我革命最能体现一个人灵魂的真实和深刻。

自我革命，虽然往者不可谏，但来者犹可追。从教 18 年，我从开始的跌跌撞撞，到后来的基本适应，进而小有所成，仰仗的正是自我反思和自我批判。

我始终留一只眼睛看自己，行有不得，反求诸己；行有所得，亦求诸己。我一次次回到自己，与自己进行心灵的对话；一次次把过往归零，重新开始。虽然当时有阵痛，但终能使自己不断拓展新的疆域，打开新的视界，开创一个又一个新的可能，实现一次又一次新的突破。

一、好察非明

我向来认为，教师应该明察秋毫，拥有一双雪亮的眼睛，于细微之处发现蛛丝马迹，及时“捕获”那些犯错的学生。这样，既能救助学生险些迷失的心灵，又能树立教师自身的威信，直至我看到这则小故事——

日本歌伎大师勘弥有一次扮演一位徒步旅行者。为了表达这位旅行者的劳累和憔悴，上场前他特意解开了鞋带。一弟子看见了，马上告诉大师，大师点头致谢，蹲下来仔细系好。待弟子离开后，大师又将鞋带解开。旁人不解，问大师为什么不告诉弟子实情。大师答道，有些真相是不重要的，他能细心发现并热心告诉我，我就一定要保护好他的这种积极性，至于真相，将来会有机会告诉他的。

我愕然！勘弥大师的言行犹如一面明镜，照出了我从未审视过的东西——有些真相并不重要；他的话也颠覆了我一度引以为豪的东西——自认为的明察秋毫。我羞愧！我的脑海中浮现了这一幕——

十几年前，我中途接手了一个初三的班级。科任教师抱怨不断，说这个班抄袭现象严重。我不动声色，拿了一摞调查表进行突击式调查。表中设计了三个问题：“本学期，我抄过____的作业”“我给____抄过作业”“我还看到____抄过作业”。这三个问题彼此牵连，互相牵制，编织成了一张密不透风的网。果真，班上无一漏网之鱼，抄袭者悉数被查获。我两分恼怒三分镇定五分得意地站在岸上看着鱼儿在网里扑腾。此后，作业开始真实，却糟糕得不忍直视，更要命的是学生不再亲近我，总是处处小心地躲避我，无论我如何表达好意，他们总是揣度我的用意。我察明了真相，却失去了他们的心。

其实，每个学生都对自己的行为拥有单向的最终解释权。如果他们愿意通过编织美好的形象来取悦你，至少说明他们很在乎自己在你心中的形象。如果你强行揭开他们的面纱，你可能会看到他们的真面目，但最后的结果往往是对方自暴自弃、破罐破摔，或是双方走向对抗，两败俱伤。于是，你会看到有学生公然犯错给你看，不是因为他真实，而是因为他在挑战你。

有些真相如同河蚌，一经打开，便会死去。你善意地与它保持距离，它可能会袒露洁白柔软的内心；你刻意地去打探，它反倒会紧紧包裹自己。所以，我们需要给对方留点空间，为自己留点余地，就好像行车时要保持一定车距，以便让彼此进退有据。

真相的价值，是由事情的“意义”和当事者“心的态度”来决定的。有些真相，不察，是愚；有些真相，不察，是善。两者的区别，要用智慧来分辨。既不盲目轻信，失去自我（这是“缺钙”的教育），也不妄加猜测，乱己身心（这是臆想的教育）。诚如孔子所言“不逆诈，不亿不信，抑亦先觉者，是贤乎”，意即不预先揣度别人的欺诈，不凭空猜测别人的不诚实，却又能及早发觉欺诈与不诚实，这样的人才是贤者。诚不谬哉！

一学生在一个雨天跑过来为我撑伞，说是顺路，其实，他家在相反的方向。我不去探寻他的真实用心，只是微笑着与他并肩前行。这类真相，不察，是因为不必。

一学生说因为感冒喉咙很痛，不想去参加课间跑步。我没有咄咄逼问，只是为他泡了一杯板蓝根。如果真是感冒，这杯板蓝根可治他身病；如果是谎言，这杯板蓝根可治他心病。这类真相，不察，是因为不值。

一学生家境贫寒，每次春秋游时都只带开水和馒头，然后离班级同学远远的。对他的远离行为，我没有追问，只是自己也带上开水和馒头，然后借故与他坐在一起。这类真相，不察，是因为不忍。

“好察非明，能察能不察之谓明。”教师，不应该是真相的迷醉者，在真相和人性的天平上，更应倾向后者，为学生的心灵和尊严构筑起一道“防火墙”。在引导学生真诚无伪、取信为先的同时，教师更需努力培育自己的慧心和包容心，从而既能获得内心的平衡，也能与学生和谐相处，享受快乐而有意义的教育人生。

二、必胜非勇

从教之初，素有女侠情结的我总是处处求胜，以显示自己的强大。与学生过招，我可以说是逢战必胜。君不见，一番唇枪舌剑后，偃旗息鼓的一定是学生；几个你来我往的回合后，占据上风的基本是我。加上所带班级历来出类拔萃，胜人一筹，于是学生怀着叹服和敬畏的心送我一顶“郑武帝”的帽子，我的治班之效也被冠为“郑英之治”。很长一段时间内，我享受着学生欣羡的目光和同行啧啧的赞叹，在一路凯歌中沉醉不已。

直至看到这个小故事——

一武士握着一条鱼来到一休禅师的房间，让一休猜猜自己手中的鱼是死的还是活的。一休知道，如果他说是死的，武士肯定会松开手；而如果他说是活的，武士一定会暗中使劲把鱼捏死。于是，一休说：“是死的。”武士马上把手松开，笑道：“哈哈，你输了，你看这鱼是活的。”一休淡淡一笑：“是的，我输了。”

原来输也可以如此优雅而从容，原来胜与负之间并没有一条永恒的界线。一休输了，但他保全了一条活的鱼，这真是一种以大悲之心为底色的输。这样的输，比赢更需要勇气，比赢更经得起考验，比赢更具久远的价值。

胜与负，是人生必须书写的画卷。胜，固然意味着强大，但必胜之心有时会使自己陷入困境。独孤求败，因为必胜，所以孤独一生；东方不败，因为不败，最后一败即死。从这个角度讲，不胜，是给自己留一片空间，是给他人留一点儿余地。

教育亦如此。教师的强大固然可以增加他的力量感，但过于强大反而会让学生望而生畏、敬而远之。老子云："太上，不知有之；其次，亲而誉之；其次，畏之；其次，侮之。"看来，教师因必胜而让学生生畏，实在是等而下之的境界。

无论多么强大的教师，都无法代替学生成长。教育的目的是为了帮助学生更好地成长，而不是显示教师自己的聪明和才华；不是为了让学生衬托自己的高大，而是帮助学生变得强大。我们行进在教育之路上时，不要忘记自己为了什么而出发。

所以，在学生面前，教师要勇于不胜。这种不胜，不是卧薪尝胆式的谋略之道，不是理屈词穷后的偃旗息鼓，不是韬光养晦的生存哲学，不是毫无原则的妥协退却，而是一种让人的胸襟，一种体人的关怀，一种基于平等的尊重，一种予人空间的涵养。它不仅需要勇气，更需要智慧。教师和学生，有如跷跷板之两端，你弱他便强。而教育之道，就在这强弱尺度的拿捏之中。

教育，有时需要我们站在学生的前面，遇物而诲，择机而教，做一个引导者；有时需要我们站在他们的身边，促膝长谈，耐心倾听，做一个陪伴者；有时需要我们站在他们的身后，藏巧于拙，乐于示弱，做一个陪衬者。

我的字向来寒碜，学生戏称是"甲骨文"。我叹曰："弟子不必不如师，师不必贤于弟子。"于是班级同学用心书写，几个原本书写不佳的学生更是力求工整，以超越我。正是在我这片绿叶的衬托下，学生的字越写越好。他们还反过来安慰我"人有小缺点才可爱"，我莞尔。

在上《国家与地区》一课时，需要讲到国家的象征——国旗。班里有一位叫孔潇宇的男孩，几乎认得所有国家的国旗以及相关的一些趣味小故事。于是，我主动"让贤"，由他来"执掌"课堂。男孩讲得酣畅淋漓，还设置了小游戏与同学们互动，同学们大呼过瘾，我也在一旁"甘拜下风"。

"必胜非勇，能胜能不胜之谓勇。"在教育的世界里，能胜，显示的是自己的强大，这是一种高明；能不胜，凸显的是学生的强大，这是一种胸襟。而后者，是更为重要的教育艺术。唯有将这两者按恰当的比例搭配好，才能进退有度、优雅从容。

三、善辩非智

犹记得中学时学过的那篇《晏子使楚》，我深深折服于晏子的雄辩之才。面对楚王的不断刁难，晏子兵来将挡，水来土掩。尤其面对楚王“齐人固善盗乎”的刁难，晏子先是以“橘生淮南则为橘，生于淮北则为枳”做铺垫，然后以“今民生长于齐不盗，入楚则盗，得无楚之水土使民善盗耶”反掌一击，一记搏杀，干净利落。

这样的善辩之才令我向往不已，我也渴望自己拥有一副好口才，高谈雄辩。当我走上教师岗位后，这个需要用嘴与人交流的职业，更是加剧了我的这种向往，直到看了梅贻琦的故事。

梅贻琦这个被称为寡言君子的人，真的是“惜句如金”。每每开会议事，他总是让别人充分表达，自己默默听取，听到好的建议，便颔首微笑，说声“吾从众”。不过，当大家众说纷纭、莫衷一是时，他最后提出的建议，又无不令众人折服。

他的沉默让人觉得他严肃，其实是望之俨然，即之也温。一旦开口，往往妙语连珠，颇具哲理。在那个多事之秋，那么多校长来来去去，为何独独他能在大师云集的清华立足？他给出的解释是“大家倒这个，倒那个，就是没人愿意倒梅（霉）”，令人忍俊不禁。尤其是他在清华大学校长就职演讲中留下的那句“所谓有大学者，非谓有大楼之谓也，有大师之谓也”，更是广为流传，至今仍具有启迪意义。

原来他的沉默与寡言并不是无话可说，更不是思想贫乏，而是一种深思熟虑，是在奉行他自己“为治者不在多言，顾力行何如耳”的人生信条。他嘴里不说，骨子里却自有分寸。寡言有时候比善辩更有力量，需要更丰沛、更充足的底气，看着沉默，实则从容不迫、张弛有度。

教育路上，遭遇误会总是难免，有时甚至还会遭遇一些非议和责难。对此，高明的教师不是急着争辩，而是静以观之或者因而利之。如弘一大师所言，“息谤”之法，在于“无辩”。有时，越是辩，误会反会越深，非议反会越多，倒不如不辩，无辩则误会、非议自息。这好比一杯清水里落入一块泥，越是搅越是浊，不去动它，反而渐渐地清浊分明了。

一次，收到一条微信，质疑我在朋友圈里发的那些与学生“斗智斗勇”的小故事是不是没有摆正师生关系。我只是微微一笑。这种不辩，是因为不争。儒家说“君子矜而不争”，道家说“圣人之道，为而不争”，不争，便莫能与之争。

一次，听到一句转述，说教师工作如此烦琐，我居然还有时间看书写作，是不是置学生于不顾？我未做辩解。这种不辩，是因为不足辩。是非何须辩，真伪久自明！

一次，同人交流时，我说教师应该过好自己的生活，如此，我们的学生才更有可能热爱他们的生活。结果一位同行马上反驳，说教师的全部意义在于奉献，而不是生活。对此，我未多言语，因为这个问题见仁见智，大家各有各的道理。这种不辩，是因为让人。自己退一步，彼此海阔天空。

善辩固然意味着机敏，而不辩未必就是木讷；善辩固然意味着有底气，而不辩未必就是心虚；善辩固然意味着强大，而不辩未必就是怯懦。善辩，可能是能言善辩，也可能是巧言善辩。关于后者，孔子有言“巧言令色，鲜矣仁”，老子也曾说“善者不辩，辩者不善”。

善辩非智，能辩能不辩之谓智。智足以拒谏，是才智，非明智；言足以饰非，是善辩，非明辨。“善者因之，其次利道之，其次教诲之，其次整齐之，最下者与之争”（司马迁），岂是虚言？选择时机，言其所当言，辩其所当辩，止其所当止，这才是大智慧，才是高境界。

以上不过是我在自己的成长历程里撷取的三例，借此表达这样的认识：

当人面对外部世界时，需要的是窗子；当他面对内部世界时，需要的则是镜子。窗子让我们看见外部的精彩，开阔自己的眼界；镜子帮我们观照内部的真实，提升自己的境界。后者，才是从自己开始，且是真正的开始。

自我革命不是为了否定而否定，而是为了清醒，为了优化，为了建设。要做到自我革命，我们需要触及灵魂，直面弱点，而不是文过饰非，这需要莫大的勇气和诚意。

自我革命，应该是教师一辈子的事，也是关乎教师一生的事。唯有自我革命，教师生命的质感才会不断丰富。虽然我们很难做到“三省吾身，谓予无愆”，但我们可以“省察克治，修己为敬”，可以濯清泉以自洁，给自己的内在做一次清洗，在自我突破时看清自己的局限，保持清醒，进而保持谦卑。

自我革命，难乎哉？难也！因为它考量人的真诚和决心。

自我革命，难乎哉？非也！因为孕育它的契机无处不在。

一个懂得自我革命的人，会自成一个独立且生长着的系统，一生谦卑，也一生高贵。

阅读大地之书

大地无往而不美，何以故？以其处处流淌颜色、希望故。不走进大地，哪能体会如许深意！

——题记

从2016年的清明开始，二十四节气中每个节气的早上六点左右，我都会走进玉皇山南麓的八卦田，观察、拍摄。以这样一块土地为固定的“支点”，我用相机定格大自然的季节轮换和岁月更迭，并在当天“重播”给学生看，附以自己的所思和所感，在丰富他们的同时，也丰盈自己。

这是这些年我一直在坚持做的一件事。

一、追寻二十四节气的美与妙

为什么要定期走进大地？如果对此做一个具体的意义追问，我的回答是：“我之所以定期与大地进行联系，并非想寄情山水，亦非想回归田园，而是想带着一种庄重的仪式感，沿着节气的脉络，以一位忠实的大地观察者和记录者的身份追寻二十四节气的美与妙。”具体地说，原因有三。

人类创造了城市，随着欲求的膨胀，也在不断地扩展城市，并必然侵蚀大自然及乡村的领地。城市是钢筋混凝土的丛林，春天看不到草木的萌动，秋天闻不到庄稼的芳香，四季在城市里模糊甚至退隐了，生活在其中的人难以领略季节所带来的劳逸、张弛、起伏和舒缓的节奏感。

相反，“花木管时令，鸟鸣报农时”，在大自然中，花草树木、飞禽走兽却都是依据季节时令的推进而次第改变其活动方式的，它们的各种活动印证着季节的变换，并在某种意义上成了季节的标注，如“四月秀葽，五月鸣蜩”“七月流火”“八月剥枣，十月获稻”等。

如果能走出钢筋混凝土的丛林，走进广大的天地，用一颗灵心去体味，你会发现美的踪迹无处不在。正是在广大的天地里，庄子领略到“天地有大美而不言”，孔子则感叹：“天何言哉？四时行焉，百物生焉。天何言哉？”

越是走进大自然，我就越发觉得大地的丰富蕴涵值得我们去深入挖掘。诚如王羲之说的，“仰观宇宙之大，俯察品类之盛，所以游目骋怀，足以极视听之娱，信可乐也”，亦如苏东坡说的，“惟江上之清风，与山间之明月，耳得之而为声，目遇之而成色”。无怪乎庄子独与天地精神往来。

此其一也。

一个人的成长离不开他的精神源头。我的精神源头，是一个三面环山的小村庄。

那里，清晨能听见公鸡和小鸟的对话，夜晚能听见蛐蛐和青蛙的合唱；那里，白天能看到芳草萋萋，夜晚能看到繁星点点；那里，能畅快地进行呼吸，能在树木与田地构成的镶嵌画里闻见泥土的清香味。于是乎，对土地，我有种本能的亲近感，记忆的天空里满是乡土的色彩和气息。

春天，我吸食油茶树上的花蜜，采摘上面的茶桃和茶耳。夏天，我在稻田里抓蝌蚪，或者在水路里捉泥鳅。秋天，我看风吹稻浪，宛如看一片金色的流动的梦。冬天，我在太阳底下一边看外婆纳鞋，一边听她讲土地上的事。

有一次，跟随爷爷去收割稻谷，我想把掉落的谷粒、稻穗捡干净。爷爷笑着说：“英妮子，别捡那么干净，留一点儿给鸟雀吃吧！”爷爷家境贫寒，却依然想着要留一点儿东西给其他生灵，他的这一句话带给了我恒久的记忆。

草木情深，故土难离。土地，带给我鹅黄而又饱满的回忆。正是在那片土地上，我深深体会到了人生最熠熠生辉的品质，诸如劳作、诚实、惜福等，勤快而勇于任事，踏实而决不巧取。“春种一粒粟，秋收万颗子”，三四月流过汗水，才有八九月的收成。

此其二。

人生有许多偶然。2016 年的惊蛰，我跟着家人沐浴西湖的春光，其乐融融。为了确立这一天和这个节气的清晰形象，我查阅了大量有关惊蛰的信息。其中一篇《惊蛰》的短文深深吸引了我，文章简短凝练，却深刻隽永。

怀着敬重和钦佩之情，我翻看这篇文章的作者，结果看到了一个清新而富有诗意的名字——苇岸。继而怀着好奇和敬慕的心情，我按图索骥找到了他的其他文字。于是，他的一篇又一篇的文章落入了我的视野，包括他那本《大地上的事情》。

书中的语言格调清新，却有着宏大之境，能让人触摸到一个高贵的灵魂。我为苇岸笔下二十四节气的美好而惊叹，也为他的早逝以及由此而成的断章而叹息、落泪。

沿着苇岸的文字，我又添置了利奥波德的《沙乡的沉思》和梭罗的《瓦尔登湖》，他们两个人也都在我的精神发展中留下了不可磨灭的印痕。

由惊蛰而《惊蛰》而苇岸而《大地上的事情》而《沙乡的沉思》和《瓦尔登湖》，这似乎是一系列无心插柳柳成荫的事，但我心底那股对土地的热情却重新被唤起，并即刻决定要确定一片土地，定期与它联系，看其上作物的萌芽、抽枝、展叶、开花、结果，看其上动物的蛰眠、复苏、始鸣、繁育、迁徙。

此其三。

二、流淌在时间里的大地之歌

我走进大地，看到大地上流动的颜色如同流淌的乐音那般，用疏密、浓淡等有规则的变化来表现自然，从容有序。依据作物的生长容貌，我分明“看到”了大自然的节奏和生命成长的时序，“听到”了流淌在时间里的大地之歌，并深深领略到了这首无声之歌的大美。

天地的这种大美，在于它的生生不息，在于它向我们展示着的旋律和秘密。这种生息和嬗替是依着节律进行的，故而中国古代先民循此创制出二十四节气，五日为候，三候为气，六气为时，四时为岁。

每个节气只以两个字命名：立春、雨水、惊蛰、春分、清明、谷雨、立夏、小满、芒种、夏至、小暑、大暑、立秋、处暑、白露、秋分、寒露、霜降、立冬、小雪、大雪、冬至、小寒、大寒，简约且表意。能以如此凝练的文字描述天地之间的事，这让我们不得不折服于先祖敏锐的观察力和非凡的表达力。虽然这些节气语言极简，却传递着天地造化、生育、繁盛、凋零的消息，不论是听觉上还是视觉上，都极富东方田园般的风情与古典诗歌般的气息。

在二十四节气这条封闭式轨道里，每个节气都是其上的一个站点，而且站站相衔，年复一年，仿佛是循环播放的神乐。节气的列车总是准点到站，不迟一分，也不早一分，无比精确。我的祖上世隶耕，他们相信“种田无命，节气抓定”，种作时机全部参考农历上的节气，且几乎从未出错过。这不得不让人惊叹时间也有自己的“宪法”，有其自身至高无上的规定性。只有时间到了，才有收成的希望；只有时间到了，才有动人的芳香。

二十四节气不但是中国农人耕作的“时间表”，也是他们的生活规范和行为指南。通过“一年之计在于春”的谋划、“立夏三天遍地锄”的力耕、“山田望稔秋收近”的期盼、“梅花香自苦寒来”的修省，他们将时间和生产、生活调适到天人相应乃至天人合一的状态。

节气不仅是时空里的可靠坐标，还凝华为气节，提示世人：人生不过百年，当有气、有节。从节气到气节，体现了我们对世界、对人生的追问：我们是否真的了解时间？我们是否守得住人生的气节？我们能否让精气神葆有充足的力量？以此反躬自省，可以让自己活得清醒而坚定。

古人还用五音应和四时、五行，以十二律应十二月，认为“乐者，天地之和也，礼者，天地之序也”，从而使生产和生活融合在音乐的节奏之中，让岁月从容不迫、和谐流淌。每过十五天，就有一场仪式，就有一个故事。每一场仪式，都蕴含着与天地精神相往来的庄严；每一个故事，都体现着中国人特有的宇宙观。原来，我们的祖先的生活是如此温暖，如此富有节奏和美感，如此质朴而浪漫。

今人也需在忙碌之余走进大地，过一段遵循自然节奏的生活，并以此深入时空组成的坐标里，感知自己的位置，体味时空带来的切己意义。体悟时空逻辑，才能明白天地之心的深长意味；领会天人关系，才能提升自己在人生百年中的生命张力。

三、来自大地的启示

看过许多名画，听过许多名曲，觉得世上最美的莫过于艺术家笔下的作品。然而当我走进大地，看着盈盈的露珠在阳光下闪动，听着嗜嗜的鸟鸣在树丛间穿越，我发现，这种动感和色调是再高明的艺术家都无法表现的。原来，大自然才是一切美的源泉，才是一切艺术的范本。

舒缓而深郁的大地，不只给了我无尽的美的陶冶和智慧的启迪，还让我生出一个又一个的灵感和创意，让我向外发现了自然，向内发现了自己。

师者，当培育起一颗善感的灵心。

天地有大美，但“美不自美，因人而彰”，美是需要灵心才能领略的。反过来讲，美的濡染与熏陶，能培育起人的灵心，让人变得更灵动、更善感、更多情。

两年来，我用心凝视并感受大自然的变化，尤其是细微处的变化，神经末梢经这样的训练似乎变得更加敏感。

我发现，草木也有灵敏的感官。含羞草，对触碰敏感；牵牛花，对黄昏敏感；枫树，对秋天敏感。

我发现，草木的生长常在昧明间，而且任何一朵小花、任何一棵小草，它们的颜色和形状都是天成的。即便是普通的露珠，在阳光之下，也会闪动着悦目的七彩。

我发现，颜色也是有生命的。从初春的新绿，到而后的浅绿、黄绿，及至夏天的青绿、纯绿，再到秋冬的墨绿，都是从新浅到深郁，又从深郁回到新浅，如此循环往复，生生不息。

我发现，每次翻新土地时，许多杂草就会被铲除，或是被埋入地下。但下一次前来，田地里又有了它们的身影，哪怕是石缝之间，只要有寸土之地，就有它们的颜色和身姿。细细推想，原来造物的序列中，最底层、最弱小的那一链，往往有着最高的耐受力和生命力。小草如此，麻雀如此，人类亦如此。

看着生动的大地，我觉得它本身就蕴含着一个至理——有土地的地方，就有生命；只要有土地，就会生长出生命与希望，就能成为可供栖居的家园。

令我惊奇的是，这颗善感的灵心还潜意识地影响到了我的教育。凡看到的、听到的，我都会自觉地与教育联系起来，或许这就是教育意识吧。对一个教师来说，有了这种意识，就是自觉地活在了教育之中。

我认识到，农人耕作的对象是庄稼，它们有着各自的生长规律，稻麦桑麻，形态不一；教育施行的对象是学生，他们有着各自鲜明的特性，每一个都是世间的孤品。

我认识到，农人犁田，师者耕心。对农人来说，不管种什么，最要紧的一步是耕耘，让土地变得柔软，才能孕育出无限生机；对教师来说，教育耕耘的是心田，只有深深耕耘，去除杂草，种下良善的种子，才能培育出一片心灵的沃野良田。

我认识到，大地上，"一棵花，一棵草，它那发荣滋长的可能性，在一粒种子的时候早已具备了"（叶圣陶）。人与草木，皆有灵性，关键在于如何被浪漫地唤醒；而教育的意义，也正在于唤起这种可能性。

我认识到，同一块土地上，同样的时空因缘，却能产生种种差别，"虽一地所生，一雨所润，而诸草木，各有差别"；教育的大地上，同一片空间，同一种环境，也会产生种种差别。然而，正是这种参差多态，才显示出大地的生动，也诠释着教育的活力。

师者，当培育起一颗广大的悲悯心。

心怀悲悯，才会觉得一草一木总关情。走进大地多了，一些原本不起眼的小花，也能唤起我的热情：狼尾草竟然也会开花，是极细小的橙黄色；玉米的花在微风里抖动，似和蜜蜂说着悄悄话；稻花是无瑕的白色，在纯绿的稻叶的衬托下，显得特别清新典雅；番薯花像极了喇叭花……

每一朵花都开得无比认真，仿佛在展示自己家族的荣耀徽章。我终于明白诗人华兹华斯在“一朵微小的花对于我可以唤起不能用眼泪表达出的那样深的思想”那句话中所表达的那种深意了。

行走在阡陌之中，我看到经过一夜清凉的睡眠，又被露珠做了晨浴的各种小花此时刚睡醒。它们含着微笑，瞬间就带给我一种无忧、清静的心情。为了能见到这样的场景，我坚持每次在七点之前就赶到这里，大暑节气时更是五点便到达，因为阳光一出来，露珠便会含泪说再见。

还有土地上的精灵——麻雀，它们永远带着新鲜的原野气息，像一群平民家的孩子，活泼好动却又拘谨胆小。它们永远叽叽喳喳，像是疏于管教的孩子，不太懂秩序，也因此常常遭受世人的批评。但如果你走近它们，耐心注视它们，你会发觉它们虽然咿呀吵闹，但它们的声音组合在一起时竟然毫不混乱，甚至有点儿欢乐和悦耳。它们总是欢呼跳跃，难怪人们要为它们量身定做一词叫“雀跃”了。原来大自然的声音，是天然和谐的。有了它们的存在，田园立时生动，构成一幅有声、有色、有动感的画面。

渐渐地，我体会到人和土地不是征服者与被征服者的关系，而是一个相互依赖的共同体，每个人都是其中的一个普通成员，奥尔多·利奥波德把这种关系定义为“土地道德”。他还将大地上的麻雀、花草、稻作等一切生命物体都视为自己的家人及平等的伙伴，万物荣辱与共。心怀悲悯，才会视众生平等。

大匠眼里，没有材料是弃材；良医眼里，没有草木不是药；农人眼里，大地上的一切皆有可用。红薯藤晒干了可以喂马，稻秆可以铺着防寒，杂草焚烧后可以当肥料。大地上存在的任何生命都是有价值的。

“惟土地所生之物，皆爱惜之，则其心善。”（《尚书·酒诰》）倘若教育中，教师也将孩子视为孤品而倍加珍爱，那么，他们必定能为孩子营造出生命的晴天。

夸齐莫多说：“爱，以神奇的力量，使我出类拔萃。”对于教师来说，一颗广大的悲悯心也会以神奇的力量，使他出类拔萃。

师者，当培育起一颗谦卑的庄敬心。

静穆的大地，一轮又一轮地把累累果实摊开来，如作品一般陈列给在其上劳作的人们。它让劳作有所获，叫汗水不落空。面对广大却无言的大地，站立其上的人会油然升腾起一颗敬畏之心。

我惊叹于大地的广博与厚重。走在其上，人的心胸会不自觉地舒展和博大起来。走进过大地，就不会因花的谢落而伤春，也不会因叶的凋零而悲秋。春天，看到大地初醒，翠绿欲滴；夏天，看到作物劲长，生命勃发；秋天，看到遍地金黄，果实累累；冬天，看到休养生息，蓄养生机。由此感叹大自然中生命的顽强与不息，相比之下人是多么的渺小！谦卑之心顿起。

对于在土地上劳作的人，我更是一路致敬一路礼赞。他们能看出大地的脉络和性情，懂得大地的神秘语言，与大地一同沐浴阳光和风雨。大地无言，却滋养出了农人勤劳、朴实、厚道、自足的品质。古罗马作家加图在他的《农业志》中这样赞美农民："利益来得最清廉、最稳妥、最不为人所疾视，从事这种职业的人，绝不心怀恶念。"

每次去八卦田，总会见到正在劳作的农人。每当我上前询问，他们都会停下手中的活儿，耐心给我介绍，顺带诉说一些关于土地的事。

老农说，作物最要紧的是根，只有根扎深、扎稳了，才不怕烈日曝晒、暴雨淋漓。

老农说，任何作物种植前都要整地，有时还需要深耕，这样做是为了让土地变得柔软，土地柔软了，作物才能长好。

老农说，作物需要施肥。比如甘蔗，不仅要施基肥，还要适时施追肥。如果只施追肥，甘蔗就会头重脚轻，容易倒伏；如果只施基肥，甘蔗就会后劲不足，容易形成"鼠尾蔗"。

老农说，有时需要将麦和豆、棉和薯等进行间作，两种作物经过合理间作，既可预防和控制某些病虫害的发生，同时还可产生互补作用，相互促进，彼此得到更好的成长。

老农说，作物的种作应不违农时。

…………

细细思量，我发现老农说的这些，竟然与育人有着惊人的相似之处：

教育，最重要的是育德，德者生命乔木之根，未有根不植而枝叶繁茂者。

教育，耕耘的是心田，唯有心田柔软，才能生长出美好的质素。

教育的对象参差百态，除了给他们施“基肥”，那些叶缘翻卷、营养不良的孩子，还需要老师施“追肥”。

教育，需要教师智慧地调动集体的力量，让孩子在合作共生中实现差异生长。

教育，其对象也有生长的内在“时间表”，需要教师抓住时机，相机诱导。

…………

叶圣陶先生说过，“教育是农业”。耕作于教育大地之上的教师便如农人，需要勤恳、踏实、自足，以此让自己过得生动，同时赢得世人的敬重。

师者，当培育起一颗浪漫的诗心。

瑞士思想家阿米尔说：“一片自然风景是一个心灵的境界。”宗白华先生也说，一切美的光都来自心灵的源泉，没有心灵的映射，是无所谓美的。

这种心灵的源泉其实就是诗心。诗心最容易从大自然中获得。听自然的声音，看自然的色彩，感受自然的呼吸，便是与自然进行种种神秘的交互，容易让人产生灵感。你会发现，风声、水声、鸟声都是自然的乐音，谷的金黄、草的葱绿、花的多彩都是大地的心情。难怪周有光先生说，“田野是我的花房”。

不由得想起顾城《门前》中的一段：

草在结它的种子
风在摇它的叶子
我们站着，不说话
就十分美好

漫步田间，常常有《诗经》中的词句飘然而至，从册页中走出，来到我的跟前。看到车前草，浮现的是“采采芣苢，薄言采之。采采芣苢，薄言有之”的欢愉；看到蟋蟀，听到的是“喓喓草虫，趯趯阜螽”的热闹；看到荷花，感到的是“彼泽之陂，有蒲与荷”的清雅；看到桑树，向往的是“十亩之间兮，桑者闲闲兮”的悠然。

每天来时都是清晨，这个时候，阡陌间微风轻拂、露水盈盈，于是我不由地感叹，我的语言也当如清晨的露珠，滋润学生的心田，让他们内心的芳郊绿遍；我的目光也当如清晨的阳光，透明温润，有着琉璃般的质感，使得每一株作物都能如翡翠繁生。

我还从诗人泰戈尔那儿得到启示，约上孩子们一同前往。泰戈尔说：“孩子都喜爱泥土；他们全部的肉体和心灵，如同鲜花一样渴求阳光和空气。他们从不拒绝来自宇宙的要求与他们的感官建立直接联系的持续邀请。”于是，师生一起看作物青青于野，让感念盈盈于怀，很有种“浴乎沂，风乎舞雩，咏而归”的浪漫与洒脱。

我还给孩子们布置了一项没有期限的作业：走进大自然，去玩泥巴、播种子、采野花、捉蚂蚱、放风筝、骑单车、看日出、拍一段毛毛虫蜕变成蝴蝶的视频。因为“大自然会指引我们从生命和彼此身上寻找一切存在着的美好和善良的东西”。（华兹华斯）

当然，拥有诗心并不意味着无视沉重的现实，而是在遇见这种现实时依然不失向上生长的心。正如大地之上的植物，虽难免要经受台风吹掠、冰雪重压、沙尘席卷，但它们永远从容不迫，在心平气和中继续生长。

从更广阔的意义上说，人也是一棵植物，需要像植物一样脚下生根、出头自由，以自然、朴素、谦卑的姿势，向着天空尽情生长。

这是我走进大地所获得的最深启示。

最美的教育，莫过于师生相互启迪，彼此成全

最美的教育，莫过于师生同在辽阔的教育沃野上自由成长，相互倾慕，彼此成全，各自成为最好版本的自己，收获着各自的魅力人生。

——题记

“人的本质是社会关系的总和”，关系的品质直接影响着人的生命质量。关系从来都不是单向的，而是双边的。所以，评价一种关系的质量，要看关系中的双方是否因为在一起而彼此都成为更美好的人。

好的关系能够使双方相互滋养，彼此扶持，共同增益，从而各自收获更好的自己。“相互”和“彼此”，表明双方是平等的、相依的，没有主次之分，没有贵贱之别。简言之，最美的关系是以一种厚实的温情和优雅的姿势相互启迪，彼此成全。

作为教育活动中最核心的一种关系——师生关系——亦如此。师生之间，有一种生命能量在交互，并在这种交互中循环往复地递进。这种能量可能正向也可能负向，师生间的关系可能美好也可能不堪。正向的、美好的师生关系，本身就能成为一种教育力量。

一、我所向往的师生关系

曾经无数次问自己：什么样的师生关系才是我最向往的？

开始，我希望是武侠小说中的师徒模样——

为师的武艺高强，但多半不露相。起初对弟子严苛以待，几近折磨。上山砍柴、下厨烧火，这些已是等闲，还动辄不让吃饭，顶缸、扎马、倒吊、日晒——这些事情，看上去都跟学武没多大关系。有时师父还会

莫名其妙地出手伤人，把徒弟折磨得苦不堪言，看得读者都很为此不值。当然，你也不必着急，因为斗转星移，一个猛子扎进去，镜头一换，出来就已是经年之后。为师的忽然一日，就把毕生绝技在指点之间倾囊相授。原来过去的所谓种种折磨，都是基础训练，顺便也是为了测试一下徒弟的人品、资禀及耐受力。

而弟子最初可能桀骜不驯，但有朝一日见识了师父的真功夫后，便对师父佩服得五体投地；或者开始时顽劣不堪，但随着时间推移，渐渐感知到师父的良苦用心，于是死心塌地，什么苦差累活都拼命去干，师父的怪脾气或苛责都咬牙承受，怎么撵都不走，最后终于感动了老人家，得到了真传。

从此，师徒心意相通，行走江湖，成就一段佳话。

渐渐地，我发现这样的画面只存在于文学之中，太过玄幻，距离现实太遥远，只能望文兴叹。后来，看了《大宅门》，其中白景琦与季宗布之间的师生情谊打动了我。

先生文韬武略，论文是国子监的监生，论武是神机营的武师；弟子顽劣不堪，气走了历任老师。偏偏这两人相遇，竟碰撞出了旷世的师生情缘。

季先生只过三招就将白景琦降服。

第一次过招。季先生走到教室，里面出奇的安静，这让他意识到其中定有蹊跷。顺着白景琦的眼神，他知道蹊跷就在门上，于是威严、果断地喝令白景琦出来。在白景琦犹犹豫豫之时，季先生猛地提脚踹门板，门上那盆墨水泼了白景琦一身，从而不但破了白景琦的恶作剧，还顺手以其人之道还治其人之身。

后来，因挨打而心生不满的白景琦抽出裁纸刀刺向季先生，季先生一侧身、一反手，白景琦的胳膊便脱臼了。

再后来，季先生知道白景琦心里不服，便用“一指禅”让他大开眼界。看着弟子将信将疑的眼神，季先生又拿出《庄子》，让弟子随便说出两个字，自己行云流水般地接下去背诵。

弟子最终深深折服。“你可真神了！”“那当然！”“那你教我吧！”“不教！”“怎么了？”“学好了书我再教你。”

最后，画风突变，弟子挑灯夜战，沉醉于学习当中。

尤为可贵的是，季先生不仅教白景琦读书写字，还教他骑马、学武功。花房、大街、野外，都成了先生教授弟子的课堂。这种开放、自由、灵活的教学方式，尤其符合白景琦不羁的个性，而更为重要的是，季先生的侠肝义胆和民族大义深深地濡染了白景琦。

正是先生的人格魅力和“什么都是一等一”的真本领，让弟子叹服并心生向往。反过来，正是因为弟子，戏份不多的季先生才显得立体高大，成了剧中不可或缺的一个关键人物。这样的师徒情缘怎不叫人赞叹和欣羡！

再后来，待细读了《论语》之后，我更是感佩孔子与其弟子的师生情缘。

孔子没有固定的教室，也没有一成不变的教学法，坐而论道，起而力行。他深知弟子的秉性，故而相机诱导，因材施教。对弟子，他有“吾与点也”的认同，也有“朽木不可雕也”的棒喝；有“求也退，故进之”的鼓励，也有“由也兼人，故退之”的约束……他往往能在日常对话中道出宇宙的真谛，完成对学生的人生指点。这就是他的人生教育，也是他的教育人生。

孔子被世人熟知，是因为他的弟子记录了他，从这个意义上说，是弟子成全了老师；反过来说，他之所以会被记录，是因为他曾经成全了那些弟子。

以上三种师生关系之所以让我向往，是因为这些师生相互启迪、彼此成全，这样的师生关系，不需要“责任”和“使命”来束缚，也不需要“感恩”和“回报”来维系，其本身就足以让双方沉醉其中、回味不已；这样的师生关系，发自双方内心的自觉与自愿，各得自在，各生欢喜。

但最打动我的还是第三种。孔子带着愿意随行的弟子，走遍天涯，同饮同食，危厄与共。在寻常生活中完成伟大的授业，这是何等的荡气回肠！共同生活，最骗不了人，因为细节最能凸显个性，也最易显现瑕疵。经年的休戚与共之后，弟子仍觉得老师不寻常，看到老师的瑕疵，仍死心塌地地追随，并能从老师的一言一行中悟道，这是何等的壮哉美也！

二、能维系良好的师生关系，才是好的教育

虽说师生平等，但在师生关系的构建上，教师是事实上的主导方，所以，教师应以主动的姿态创建良好的师生关系，促进孩子的成长。

构建和维系良好的师生关系，难的不是主动施爱，而是面对具体的、真实的问题时，教师该如何智慧地应对，从而既解决问题，又无损甚至增进师生关系。解决问题时，如果以破坏师生关系为代价，那么这样的教育就不是真正的教育。

要维系良好的师生关系，应先了解孩子。

没有了解就无法理解，了解是理解的前提。教师应了解孩子是怎样的人，他想成为怎样的人，他能成为怎样的人，在他成为那样的人之前，教育可以为他做些什么，怎样做可能会更好。就这样，教师一步步帮助孩子发现更高远而又适切的目标，行远自迩，登高自卑，逐步成为他理想中的自己。

以最常见的发型问题为例。一女孩留着长长的刘海，像一道窗帘，挡住了大半边脸。我问她：为何留这个发型？这个大大咧咧的女孩回答说这样漂亮。对此，教师可以有许多种处理方式，譬如以下三个版本。

版本一：教师严厉批评，责令女孩将刘海剪短或是养长了扎上去。最后，女孩剪短了她的刘海。

版本二：教师几番苦心劝说，最后，女孩剪短了她的刘海。

版本三：教师未动声色，只是在自习课时，待女孩低头写字，用相机定格了一个镜头。而后找了个机会与她闲聊，虚晃几枪后转移到发型话题上来，告诉女孩，一个人的打扮应追求360度无死角，她的前面、后面、侧面都不错，只是有一个角度不美。然后把照片放到她面前。面对女孩的惊愕表情，教师面授机宜。最后，女孩剪短了她的刘海。

欲流之远者，必浚其泉源。没有了解就无法找到问题的根源，也就无法理解“这一个”孩子。版本三中的教师了解孩子，知道爱美是人的天性，所以能理解孩子这样做的原因。她找到了问题的症结，并准确地对症下药，最后药到病除。因为她是从孩子的视角来思考问题的，所以不但悄无声息地解决了问题，还把孩子的需求引导到更高层次，并赢得了孩子的信任。有了这种信任，后继的许多教育活动便能水到渠成。

要维系良好的师生关系，应顺从孩子的天性。

好的关系建立在个体独立的基础之上。只有师生各自成长为一个完整而独立的个体，彼此才能以轻松、自在、美好的姿态相互扶助。顺从孩子的天性，并给予恰当的引领和点拨，必要时施以援手，适时进入，而后又及时而得体地退出，这样，孩子才能更好地成为他自己，成为有创造性和独立人格的人，而不是教师影响的延伸。以这种方式建立起的关系，既解放了对方，又成全了自己，既彼此独立，又相扶相携。

几乎每个班都会有一两个反应快、表现欲强的孩子，每每教师刚提出问题，他们就急着回答，他们这样做，既缺少了自己的深度思考，又妨碍了他人的独立思考。教育实践中，对这个问题的解决方案，也有许多版本。

版本一：教师厉声制止，辅以严厉的眼神，久而久之，该生渐渐“安分”下来，课堂变得有序。

版本二：课后，教师找来这个孩子，语重心长地进行提醒、劝告，希望孩子能考虑到其他同学，把机会让给别人。开始，孩子依然习惯性地抢答，事后又常常愧疚，渐渐地，也就“安分”下来，课堂变得有序。

版本三：课后，教师找来这个孩子，告诉他，红地毯上，都是最大的腕儿才压轴出场。此后，这个孩子开始认真倾听别人发言，同时补充以自己的思考，努力做“最后压轴出场的腕儿”，课堂变得有序。

三个版本，表面上看似乎都解决了问题——让课堂变得有序，但哪个版本中的教师的做法真正成全了孩子？显然是第三个。

版本一中的教师制止了问题而不是解决了问题；版本二中的教师用道德束缚的方式解决了问题；版本三中的教师了解孩子，引导他成为更好的自己——既吸取他人的思考成果，又给他人的思维缺口打“补丁”；既保持自己的锐气，又懂得约束自己；既为自己留空间，又给别人留余地。这样的成长方式是双赢的。而更为重要的是，学生在进步的同时，增进了对教师的信任。

要维系良好的师生关系，应用真诚和智慧去开启孩子的心门。

真诚意味着善意和心灵的开放，它是通往一切的光明大道，尤其是通往信任。它既是建立信任的基础，也是建立信任的关键，甚至是建立信任的不二法门。一个教师如果以一颗真诚的心待人，并用智慧为之保驾护航，他便能将温润的光播撒到孩子心里，从而使彼此的心灵交流有了通道，孩子便会有安全感，愿意敞开一切。

一个女孩右耳边有一个疤痕，为遮挡这个疤痕，她留了厚厚的鬓发和长长的刘海。她对别人的谈话总是显得很敏感，以致同学们不愿接近她。这个疤痕既显现在她的脸上，也印刻在她的心里，成了她一道难以逾越的心坎。对此，教师可以有许多种处理方式，譬如以下三个版本。

版本一：教师默许她的发型，守护她的尊严。

版本二：教师找了个时间和她谈心，告诉她一个人重要的不是外在的容貌，而是内在的品质。

版本三：教师一直等待时机。一次，女孩问可不可以和教师说说话，教师爽快地答应了。女孩开心地诉说，聊老师聊同学，还聊自己的偶像。教师顺势接过话茬，说自己也有一个偶像，是胡歌，然后若无其事地讲到胡歌的车祸毁容、现在的蜕变，以及他那句“皮囊坏了，用思想来填满”的话语，最后话锋一转：“其实每个人都有疤，只是有些人的疤在皮相上，有些人的疤在心里。”女孩一直默默地听着。许多天后，她扎了一个干净利落的马尾辫，微笑着告诉教师，她发现这样的自己更美。

三位教师都有一颗仁爱的心，不同的是，版本一中的教师尊重孩子，守护孩子的尊严，并给孩子安全感；版本二中的教师善意地开导和劝慰孩子；版本三中的教师则带着真诚和善意走进孩子的心，打开她的心结，帮助她勇敢地面对自己、面对未来。显然，版本三中的教师具有更高层次的善，因为她用真诚打开了孩子的心扉，用智慧给孩子指明了道路，从而帮助孩子变得更强大。

任何时候，我们都不能以破坏师生关系为代价来解决问题，否则，所谓的问题解决就只能是表面的抑制或掩盖。只有师生关系健康，才能营造出良性的教育生态，人的生长才能水到渠成，美好才会不期而至。

三、在良好的师生关系中彼此成全

一种关系的美，取决于双方投入的程度和相互成全的程度。当双方自然而然地投入，自觉自愿地成全，他们的关系就会变成人生的养料，能让生命变得更加丰盈。

教育，追寻的是师生之间心灵的契合与共鸣，如果师生关系能在相互作用和彼此影响中螺旋式提升，朝着美好的方向循环往复地递进，良好的教育生态便会形成，关系中的人也会变得更加美好。

细微之处见真情，我常利用日常的交互活动来营建良好的师生关系。时常受邀外出讲课，每次回来，我都会给每个孩子带上一点儿当地的土特产，或是给他们寄送明信片。同事结婚生子，发的喜糖我也会与孩子们一起分享，让喜气和快乐加倍洋溢。孩子们也用他们的心意回赠我，有时是热乎乎的玉米棒，有时是香喷喷的饼，有时是几颗紫皮糖，有时是精巧的十字绣。来往之间，师生的情谊在不断叠加。

我也常常采撷身边的细节，作为增进师生关系的资源。比如，我常与孩子们谈心，课间、饭后，走廊拐角、操场边上，都可见到我与孩子倾心交谈或是被簇拥的身影。一次课间，许多孩子围着我，问我年龄。我说：“猜。”小鬼们几乎异口同声地说：“三十多。”这时，一个平时内敛的女孩怯怯地说：“二十多。”马上有一个男孩嘘她，说她拍马屁。女孩顿时红了脸低下头。我接过话，郑重地说：“对，二十多。”全班惊愕地看着我，我继续：“多十几而已。”全班会心地大笑，那个女孩也抬起了头，微笑。

真正意义上的教育，不是始于教师走上讲台的那一刻，而是始于他与学生的交互活动。一个会心的微笑、一个会意的眼神、一句关切的问候、一个无言的赞许，或者哪怕是借用一支笔后的感谢，都可以是深具教育意义的交互活动。虽然没有量表，也无法记载，但它传达了一份关爱，表达了一种尊重、信任和鼓励。

教育的美好之处在于，教师在成全学生的同时，也成全了自己。教师在教书育人的过程中不断获得了专业的成长和人格的完善，从这个意义上说，是学生成全了教师。

我始终记得自己在第一次带班时，遇见了一个让我想放弃也想放弃我自己的“红孩儿”。但当我静静回顾其间的艰辛和痛苦时，我却真切地感到，孩子真的是教师成长路上的“贵人”。

回顾自己的教育历程，我与千差万别的孩子相遇过，彼此之间曾碰撞产生过一系列的惊喜和神奇。

孩子们与我在校园里遇见，彼此的目光真诚而热切，相互对视，会心一笑，而不是程式化的一句“老师好”，甚至是绕道而行；在校园外偶遇，孩子们会欣喜雀跃，顺口告诉身边的同伴“这是我们郑老师”，神色自豪。

当我身体不适时，马上就会有人搬来一张凳子，顺手掸干净上面的粉笔灰，让我坐下，自然而然，没有人觉得别扭。

一次，我抬手写粉笔字时，右手的衬衫衣角也跟着往上拉。一学生见状马上上来拉住，守护住我的形象。

一次去香港学习，回来后孩子们说：“郑老师，几天没有看见你熟悉的字迹，很不习惯，宝宝不开心。”

…………

最有趣的当属我与学生之间一份份别样的“礼物”。每次接新班，开学时，我都会把全班同学的名字串写成一篇记叙文，作为见面礼送给他们。以下是我送给 2009 级 1 班的《郊游》。

郊　游

阳春三月，正是舒怡佳时节。这天，正是张雨晴后，天空湛蓝如洗，天上挂着一轮王欣阳，飘着朵朵陈梦芸（云），于是我们相约去郊游。

穿过洪敏媛（园），翻过范玉峰，来到王磊林，只见一条小溪潺潺流过，那溪水真是章少清，可见水中历历游鱼。在林子的蒋润中处，我们齐心协力挖了几个黄瑞东（洞），结果发现一枚金佳（家）倩（钱）。在洞里，我们和几个魏泽茹（孺）一起躲猫猫，一起奚宇珉（吃玉米），还分享了陈望（旺）雪饼。

接着来到吕妃林，林子里，落英缤纷，远远望去，一片王雪青。张骏（菌）正卖力地生长，李闻岚（兰）正努力吐着芳香，真是春不醉人人自醉。草甸上，遍地陈卉，赵卉斐然，我们采摘了一些，并扎上一个漂亮的宣铭杰（结）。

林子中，可真是繁华：许多程思沂（蚁）和洪鼎艺（蚁）正忙着搬家；一群邵洋（羊）正悠闲地吃着草；一只张钧贺（鹤）正优雅地晾着翅膀；几只仇家坤（昆）和钱正坤（昆）正飞成邹行行；许多可爱的徐雯燕和调皮的刘欣彦（燕）正在追逐地上的钟乐颖（影）；还有一只王柯（蝌），正较着官永进（劲）儿嘶吼着，声声周泽铭（鸣），真是方轩（喧）聒噪；最是那只（莺），欢快地歌唱着，呼朋引伴，好不热闹。

欣赏了这醉人的春色后，我们到谢思婷（亭）小憩，吹起叶志豪（号），踢起王招荐（毽），唱起方瑶（谣）和郑梦瑶（谣），下起鄢淇（棋）、程琪（棋）和金子琪（棋），真是乐坏吴（吾）之欣（心）。直至袁佳妍（烟）袅袅升起，我们才恋恋不舍地往家返。

这一天，为我们留下了一个美丽而永恒的落款。

而孩子们也在毕业那天，仿历史人物评论笔调，创作了一段文字，作为毕业纪念品送给了我。

公元2009年，已丑，郑氏称帝，国号091，史称郑太宗。在位期间，郑氏以道家无为清静思想为治国之道，有心无痕，孜孜求治。

她改革吏治，先后启用吴、王、周为相，实施三省六部制；

她兼听众议，虚怀纳谏，其臣下敢于犯颜直谏；

她选举贤能，任人唯贤，一时国内人才辈出；

她改进工具，发展生产，经济空前繁荣；

她轻徭薄赋，不夺农时，减轻人民负担，实现轻负高质；

她布德怀柔，睦邻友好，各国使者往来不绝，声威远播；

她提倡文教，注重活动，帝国一派生机勃勃，欣欣向荣；

不久，她便开创出政治（班风）清明、经济（成绩）繁荣、文化昌盛的局面。天下大治，史称“郑英之治”。

每一届都是如此。师生用别样而独特的方式记住彼此。

2018 年，又一届学生毕业。毕业时，师生互赠长诗作为纪念（见附）。诗中充满了生动、具体、温情的画面，看得出彼此都用心灵的彩色相机定格了三年中许多点滴和片段，并为过往盖上了一枚美丽的印章。这份礼物极具仪式感，除了温暖当下，也成了师生彼此恒久的记忆。

倘若用具体的事物比拟师生，我会毫不犹豫地选择蝴蝶与百花：教师是教育百花园里翩然起舞的蝴蝶，能发现百花的美、欣赏百花的美，并为她们传播花粉以创造更多的持续的美；而百花，也能感受蝴蝶的美、欣赏蝴蝶的美、成全蝴蝶的美。

这就是教育的大美：师生同在教育的沃野里自由成长，相互倾慕，彼此成全，各自成为最好版本的自己，收获着各自的魅力人生。

互赠诗歌道别离，这大概是最浪漫的毕业礼

毕业了，学生往往会给班主任送点儿小礼物，比如，一只暖心的茶杯、一本班级相册，等等，而班主任要做的，则往往是给每个学生写毕业留言，或是给全班一份寄语。

这次，我选择用简练的词句描绘过往三年的点点滴滴，用千字不到的文字描述师生间的那些事；而孩子们呢，也写了首长诗回赠我。这大概是最具风格的浪漫毕业礼吧！

你们的好，是一个老师幸福人生最美的注脚

——致我的156

我们相逢在一个美丽的夏季
又终将在另一个夏季各奔东西
今天，我们相聚在这里
是为了更好地别离

时间流转　空间不驻
但记忆可以不灭
细数过往
有太多难忘

忘不了在听到一声“老师”后
我一回首
嘴里就被塞进了一块巧克力
真的好甜蜜

忘不了那个冬日
我手僵难熬
待我写好板书一回头
讲台上多了一个暖手宝

忘不了那次亲人病重
我难过又焦躁
你们安慰道：
“老师，抱抱，一切都会变好！”

忘不了那次春游回来后
师生一起吃大蛋糕
还打开手电筒当荧光棒
嗨到爆

忘不了科学课后
你们拿着 pH 试纸
去测口水、眼泪
和尿（此时有点儿想打你们，却又为你们叫好）

忘不了那次重感冒
我咳嗽不止，浑身不适
你们马上送来一小包药
说是泰国神药

忘不了那次秋游
我只是随性走走
你们却一路尾随
说是怕我走丢

忘不了那个三月
你们发来照片
说是小区里的紫藤花
美得惊艳

忘不了那次休养一周后
我回到学校
你们奔走相告：
“王者归来，闲人莫扰。”

忘不了那把椅子被弄坏后
有人当晚补了一把
留言道：
“郑老师，由于您的椅子已被时代淘汰，所以送您一把新的……”

忘不了那天被安排去一所学校视导
来不及与你们说明
得知原委后你们戏说“原来是去赚钱养我们”
不忘耍宝

忘不了那次我外出学习十天
你们说联系本上没有我那熟悉的字
很不习惯

其实我知道我的字真的很糟

忘不了在运动会上
你们各种训练练到脚起泡
最后实现大满贯
大家带着泪水一起欢笑

忘不了每次放假你们都会带走绿植
如同守护一个宝贝
每到周五你们把抹布带走洗净晾干，周一重又带回
只为让教室更美

忘不了与你们的爸爸妈妈约见时
他们来前都会换一下衣装
回想这个细节
真的特别美妙

忘不了你们说
原以为郑老师带我们玩只是说说
可她真的都一一兑现了
甚至比我们还闹

忘不了开学时
你们说“终于开学了”
原来在你们眼里
校园生活是如此的美好

忘不了那次你们悄悄为我策划了庆生活动
可我因为亲人离世未在学校

你们什么也没说
只给我一个无言的拥抱

于是你们又策划庆祝我的阴历生日
可我又赴香港学习
再次辜负了你们的好意
虽说这个遗憾非常美丽

这一切
我到最后才知晓
是不是还有太多的好
我永远无法知道

对所知的好
我会记忆到老
那是一个教师的教育人生
最美的注脚

爱你们的班班：郑英
2018 年 6 月 21 日

致郑英老师

一片，一片，半空里
飘下落红；
有一个男孩，有一个男孩
独坐在阶沿。

虎虎的，虎虎的，风声

在枯枝间；
有一个小男孩，有一个小男孩，
独自在哽咽。

为什么伤心，为什么啼哭，
在这盛夏六月？
不是的，不是的，我是在喟叹，
The hours fly so fast.

我的业师，不时描绘着五彩的社会书：
课前负责，循思维导图备教案，
课中才华，纳万千知识于言说，
课后不厌，看经典题卷理重点。
我的业师，不时描绘着五彩的社会书。

我的经师，不时闪烁着智慧的光芒：
百家讲坛与各种经历，辽阔了我们的视野，
世界事展学者（求学的人）眼前，丰富了我们的见解，
一片农田化雨云，倾下了二十四节气的不解情缘。
我的经师，不时闪烁着智慧的光芒。

我的人师，时时悄然追慕至美：
追慕在自然中，日肥方能催发生命，
追慕在态度中，一事精致便能动人，
追慕在胸怀里，大气而能成就大器。
我的人师，时时悄然追慕至美。

呵，这三年的懵懂，这三年的成熟，
已无须争辩——现在的优美、从容，

这生命的艺术，靠的是何处来的润雨？
追求那向美而生的路，我不能无动。

一只，一只，半空里
飞起彩蝶；
有一群少年，有一群少年
簇拥在阶沿。

鹤鹤的，鹤鹤的，笑声
在新叶间；
有一群少年，有一群少年
簇拥在师边。

永远爱你的 156
2018 年 6 月 21 日

第二辑 ｜ 教育，要懂得成人之美

教育也是一项关于美的事业，教育的过程就是师生一起发现美、欣赏美、创造美的过程。追慕美好，向美而生，这是教师职业的可贵之处，也是教育事业的高贵所在。

教育之法，本于天性

> 对于草木，顺其自然，才能自然而然；对于教育，师法自然，才能一切皆然。
>
> ——题记

大地之上，生息着绿色的诗篇——草木。每一株草木的生长，都顺着天性，自成法度；也唯有顺着天性，才能长势欣欣。

这一点，柳宗元笔下的郭橐驼可谓是绝佳的范例。郭橐驼“所种树，或移徙，无不活，且硕茂，早实以蕃”，他的秘诀只是八个字：“顺木之天，以致其性。”顺着树木的天性，才能保全它们的天性，从而，“其天者全而其性得”，根茎、枝叶、花果都能因此得到均衡的发展。

人如草木，也有着自己的天性和生长节奏。如果顺应这种天性和节奏，人便会处在一种自然而放松的状态，感官会打开，会变得更加灵敏，从而更富生机和活力。而违背天性，过度作为乃至妄为，人就会如《病梅馆记》中“斫其正”“删其密”“锄其直”后的梅那样，看起来赏心悦目，实则“遏其生气”，失去灵性。

天性，是一个人的先天秉性、品格或性情，蕴含着与生俱来的生命力和潜能，外界难以轻易撼动或是改变它。那么孩子的天性是什么？对此，王阳明是这样定义的：“大抵童子之情，乐嬉游而惮拘检，如草木之始萌芽，舒畅之则条达，摧挠之则衰萎。”我们的教育，就是要让天性中内蕴着的潜能得到充分发挥，把潜在的“可能”变成现实的“质素”，以造就一个个完整而健全的人。这是理想的教育，也是教育的理想。

对于草木，顺其自然，才能自然而然；对于教育，师法自然，才能一切皆然。

一、本于孩子爱好游戏的天性，令他们“进自不能已”

每每新接一个班级，我都会给学生布置一项作业——向长辈了解自己名字的由来和背后的寓意，并在报到当天向大家介绍。于是，开学第一天便在精彩纷呈中开启——

一男生：“我叫李鑫鑫，据说我五行缺金，所以家人给我取名‘鑫鑫’，六个金，多金又多顺。”

一女生：“我叫程思沂。为了给我取名，爸爸妈妈在我还没出生时就已经把字典翻了N遍，可没有结果。有一晚，爸爸做了个梦，梦见一位仙风道骨、鹤发童颜的高人来指点，说把‘浙江’的‘浙’字中间的提手去掉，并用这个字做我的名字，将会大吉大利。爸爸醒来后赶紧查字典，果真有这个字，就是‘沂’，于是给我取名‘思沂’。”

…………

这些故事无不让人印象深刻，而且趣味盎然，说者得意，听者捧腹。关键是，每个孩子在踏进中学大门的第一天，就勇敢地亮出了自己，一个独特而鲜明的自己，并宣告了大写的“我”的存在。

一次课间，我看到地上有一架纸飞机，就问主人是谁。马上有人来认领了，说是不小心从抽屉里掉出来的。我再问是不是很想玩，对方点头称是，其他人也纷纷附和，说很久没有玩过纸飞机了。我顺着他们的心思提议：那就好好玩一次呗！众人雀跃。

恰巧当天有活动课，于是我宣布那节活动课的内容是飞纸飞机比赛。因为很难判别高度，就比谁折的纸飞机飞得远。全班立即行动，大家交流着折纸飞机的方法，切磋着飞行的技艺。最后决出前三名，并现场对他们进行“采访”。季军周浩阳说：“我的纸飞机适合滑行，滑得远才是真的远。”亚军占鸿旭说：“我的纸飞机头部特别硬，硬，才是硬道理。”冠军郑杰洋的秘籍则是：“我的纸飞机特别帅，因为帅，所以飘，所以飞得久，也飞得远。”

小鬼们大呼不过瘾。我做了个顺水人情，答应还会有机会，并趁机提出要求，说以后要玩就玩高级的。一个月后，他们的要求上升到玩橡筋动力飞机，而且还特意邀请了科技老师和科学老师来指导。

渐渐地，有几个原本比较散漫、随意的孩子，也自觉地提高了玩的品质，不再如之前那样嘻哈打闹了。孩子们的校园生活开始过得充实而多彩。

在讲述明朝的农业时，为了让孩子们加深印象，也为了让他们把所学的知识与真实的生活相联系，我特意出了道题目让他们回家完成——

秦始皇虽然坐拥江山，遍尝山珍海味，但他不可能吃到__________（玉米烙、椒盐土豆丝、烤肉、干炸响铃）

孩子们顿时兴致高昂，纷纷查询并在群里热烈讨论。他们发现了“胡”姓作物和“番”姓作物的大致引进时间和引进方式，知道了餐桌上的菜来自哪里，感叹历史的细节竟然可以如此有趣。他们还举一反三、由此及彼地出题目互相考查。

事后，他们还跑去菜场，探寻每一种菜的“前世今生”。他们说，同是那些菜，现在竟然觉得好吃了很多；他们甚至更愿意下厨房，看它们经自己的手变成一个个作品。这个作业仿佛在孩子们的心里掷下了一块小石子，荡起了层层涟漪。

爱好游戏，是孩子的天性。伊斯拉漠斯认为，拉丁文中，“儿童”意味着“自由者”。王阳明在《传习录》里也说，孩子都是“乐嬉游而惮拘检”的，不喜欢受拘束和禁锢。君不见丰子恺的笔下，无处不洋溢着孩子玩耍时的乐趣。大教育家陶行知更是鲜明地主张“玩中学，学中做”。连国民一向觉得不苟言笑的鲁迅，也认为游戏是儿童最正当的行为。教育的一个巨大秘密就是利用游戏“使其趋向鼓舞，中心喜悦，则其进自不能已”（王阳明）。

二、本于孩子爱美的天性，唤起他们对更美的渴慕

每次接新班，我都会在暑期进行地毯式家访。那天，当我敲响女孩梅的家门，我听到了一串飞奔过来的脚步声。门开了，是一张灿烂的笑脸，但最吸引我的是女孩的发型，一头蓬松的自来卷头发全扎在右侧，在耳边炸开，夸张而夺目。

进门寒暄后，女孩邀请我参观她的房间。看到房间里到处都是她的照片，我知道梅是一个爱美的孩子，只是不知道该如何实现美。

我一面询问一面聆听，而后若无其事地转到她的头发上来。“梅，刚才郑老师发现自己弄错了。”女孩惊讶地看着我。“我一开始以为你有点大小脸，所以你用这个办法巧妙地做了修饰，可刚才我仔细看了看，发现你的脸很周正，很漂亮。只是我有点儿担心，担心别人也会和我一样误会。”“这样啊？”女孩赶紧扯下牛皮筋，一头卷发披了下来，蓬蓬松松的。

“老师帮你扎如何？”女孩愉快地答应了，乖乖地坐着一动不动。因为头发实在太多，我顺便给她梳了个麻花辫。梳好辫子后，女孩显得特别开心，说这是第一次有老师给她梳头发。

我顺利地解决了问题，还赢得了一颗天真的心，只因为一点——我顺着天性，成全了一个女孩的爱美之心。

一女孩大大咧咧，咋咋呼呼，毛毛糙糙，有时还会追打男生。面对别人异样的目光，她以“女汉子”的说辞自我合理化。

一次，见到她又把班上一个胖男孩的脸当玩具一样拧着、捏着，我就招手示意她过来，问她是不是想做一枚女汉子，她点头。

我继续问她：“你可知道女汉子的最高境界是什么？”她一脸茫然，眨着眼睛看我。

我招招手，示意她靠近，然后在她耳边悄悄地说：“女汉子的最高境界是——在女子面前当汉子，在汉子面前当女子。”她恍然大悟状，一个立正、一个敬礼：“Yes, Madam!”

此后，该女孩变得庄重了许多，举止得体。

我还特意邀请毕业于某职业技术学校航空礼仪班的胡蕾同学，回来给她的学弟学妹们做一次专业的礼仪培训。看着学姐那娉娉袅袅的样子，孩子们惊叹着，满怀期待。

想到学姐几年前与自己一般模样，现在却出落得如此美丽动人，孩子们深深地感到，原来优雅并不是遥不可及的。有了这样的心理基础，他们听讲时格外专注，表现得也分外踊跃，纷纷要求上讲台体验，请学姐手把手指导。

尤其当女孩子们看到学姐穿着高跟鞋站了两个小时却依然精神饱满、姿态自若时，她们更是纷纷询问学姐是怎么练就这一本领的。学姐浅笑盈盈：无他，每天穿着高跟鞋，头顶书本、牙咬筷子、腿间夹着扑克，训练几个小时而已。

孩子们立即付诸行动。一段时间下来，他们的精气神果然饱满而出众，也因此常常受到别班的邀请，给他们做礼仪指导。

于是他们更爱惜自己的形象。更重要的是，他们渐渐明白，气质是由内而外自然流淌着的，是自己身上的一件“外衣”。

爱美，是孩子的天性。孩子对美的追求，我们不要去压抑，而要去满足、引导和发展，要唤起他们对美的更高层次的追求，从而让他们不但爱自己，更能提升审美层次，用审美的态度过有美感的人生。

三、本于孩子不喜被说教的天性，有心无痕地引导他们

开学几周后，陆续有学生抱怨食堂的饭菜不好吃。对此，训斥责备，一对策也；避其锋芒，答复“向学校反映一下”，亦一对策也；讲述米饭的来之不易，劝导要惜食惜物，又一对策也……但这些对策都是意图明显，结果可想而知。

精心思虑后，我去了食堂，打听工作人员当中谁有一技之长。令人惊喜的是，掌勺的余师傅居然会川剧变脸，于是我诚邀他担任下一月班

级“百家讲堂”的嘉宾。

“变脸”如期进行。在极富节奏感的掌声和配乐声中，余师傅闪亮登场。在假动作的掩护下，一转身，一张脸，一摆头，又一张脸，稳准到位，直看得孩子们眼花缭乱。此时的余师傅俨然一个明星，从容走下“舞台”，与孩子们互动，在音乐的高亢处瞬间变换出一张又一张的脸，引爆全场。

表演结束后，余师傅在孩子们钦佩的目光中离开。大家意犹未尽，高声嚷嚷要把余师傅请回来。换下表演服装的余师傅穿着褪色的 T 恤和迷彩裤子，回到了他普通的厨师打扮。但孩子们的眼神里已经满含崇拜，个个正襟危坐。

其实，这浓墨重彩的表演只是一个引子，接下来的“答记者问”环节才是重点，才是我的真实用意。孩子们最初提的问题全是围绕变脸的：怎么变的？脸谱是自己做的吗？用什么材质做的？去哪里学的？师傅是谁？学费要多少？……

渐渐地，他们的话题转到余师傅本人和他的职业上来：你以前是做什么的？怎么会想到去学变脸？学变脸是不是很辛苦？学了变脸有没有给你带来变化？

孩子们还不无担忧地问：既然变脸带来的收入超过厨师，那你会不会离开这里？余师傅幽默地反问：如果我离开了，谁来给你们烧饭？孩子们随即用热烈的掌声回应。

接着，孩子们得知余师傅早上 5 点多就起床，和其他工作人员一起为 200 多位老师准备早餐，7 点钟必须将一切准备就绪，以便早早到校的老师能按时吃上早点，然后 7 点半开始准备中餐，每种菜要烧七八锅，一种菜就要烧一个多小时，分分钟都要控制好，否则会耽误全校 2000 多名师生的用餐。教室里一阵寂静，而后响起了排山倒海般的掌声。

余师傅说：“我准备了三块超大的砧板，并用不同颜色的胶带做好标记。切素菜用绿色的砧板，切荤菜用红色的，切水产用蓝色的。每把菜刀上也贴上颜色，哪把刀配哪块板，一目了然，为的是更卫生。除此之外，还要控制油和盐的用量，为的是更健康。菜肴的颜色要好看，如果荤菜是红烧大排，蔬菜就来一个虾皮炒黄瓜，汤就烧罗宋汤，红绿黄三色，看看就能增加食欲。空余时间我会看看菜谱，一荤一素一汤，两周内尽量不重复。每次看到有家常菜新烧法的，我就赶紧记下来；遇见不懂的，就打电话请教以前的师傅。总之，给你们烧出美味、健康的午餐是我最大的追求，也是我最大的快乐。”这一次，同学们的掌声如火山爆发一般，怎么也停不下来。

全程我未发一言。

此后，同学们每次去食堂，都无比庄重。排队、盛饭、就座、吃饭，每一个环节都认真严肃。同样的饭菜，他们现在觉得“还不错”。更让人惊喜的是，每每看到扫地的阿姨、门口的保安、学校的水电工，他们都会主动问好，态度敬重。

不喜欢被刻板地说教，是孩子的天性。一旦感觉到自己被训导，孩子便会心生抵触。因此，我们要创造契机，让他们在不知不觉中受到启发和触动，我谓之“有心无痕”。借用卢梭的话：“什么是最好的教育？最好的教育就是无所作为的教育：学生看不到教育的发生，却实实在在地影响着他们的心灵，帮助他们发挥了潜能，这才是天底下最好的教育。”

四、本于孩子渴望被需要的天性，促成他们自己去奔跑

一男孩不喜欢参加集体活动，与同学们渐行渐远，慢慢地快要淡出大家的视线了。一次偶然的机会，我在他的抽屉里看到了小锯子、榔头、钉子、铁丝……经过了解，我得知他有一个梦想：长大后当一名出色的木匠。

于是，我建议他动手为班级做个小制作，一展身手。几天后，他拿来了一个放黑板擦的盒子，用木片做的框架，中间来回穿插了几根铜丝，原理类似于蚊香盘。

有了这个黑板擦盒子，教室里的讲台从此一尘不染；也因为这个盒子，他时常被老师和同学提及，被拉回到了集体的视线。从此，他参加集体活动时越来越积极，也越来越主动。

一个叫子涵的男孩来自乡下，学习的起点很低，他的自信亦如他的起点，低到尘埃里，加上他自小在乡下长大，带着浓重的乡音，因此很不愿意开口说话。

在上《一方水土养一方人》一课时，我环顾了一圈教室，问哪些同学来自乡下。我自己先举起了手，接着，有七八位学生也举起了手，包括子涵。我继续问：有谁会说方言？举起的手有几只放了下去，子涵犹豫了下，继续举着手。于是，我请他上来说一段他的家乡话。这男孩咿里哇啦地说了一通，同学们纷纷表示听不懂。于是子涵渐渐有了几分得意，神气地把他刚刚说过的家乡话翻译了一遍。

打这以后，子涵渐渐地愿意与人交往了，还时常给同学们讲述乡下的习俗、奇闻、趣事，有时放假回来还会带一些家乡的小点心给同学们。与此相应的是，他在同学们口中出现的频率也越来越高了。

“六一”成长仪式的筹备工作正如火如荼地进行着。一个女孩素来内向，但我从她的眼神中读出，她的内心是有所期待的，只是缺少了一点儿勇气。于是我暗中游说舞蹈节目的负责人把这个女孩也拉进去。负责人心领神会，对女孩说，舞蹈节目少一个人，如果她能加入，就可以解决她们的燃眉之急了。女孩犹犹豫豫地加入了。

中途，女孩因为没有舞蹈基础，对自己很失望，想要放弃。我开导她：此刻的她如同处在800米赛跑中的第三圈，是最痛苦的时刻，咬牙过了这一阵，等到把所有动作连贯起来之后，就不会觉得焦躁了，甚至还会觉得有些美妙。

最终，舞蹈节目大放异彩，所有的家长和同学都对之报以热烈的掌声。舞台上的女孩，眼里也放着光彩。事后她说，这次活动其实她期待很久了，但一直都在沉默，只敢做一名“吃瓜群众”。她又说，站在舞台上的感觉真的很好，没想到原来自己也是可以的，今后再也不会小看自己了。

此后，这女孩积极参与班级事务，由于她沉稳的个性，她什么事情都能做得干净漂亮，因而越来越受到同学的好评，自信也跟着水涨船高。

渴望被需要，是孩子的天性。人犹植物，需要强根固本。价值感，是一个人的根；被需要，是一个人的本。根与本一旦被强化，人便会孕育出无限的生命力，会为自己奔跑，不论路边有没有掌声。

五、本于孩子渴望被关注的天性，不断地“看见”他们

“老师，老师，我又抓到了一只枯叶螳螂，不过它快死了，你看它的身体已经是棕色的了。”

“你把它和盲蛛放在一起，它会吃盲蛛吗？”

“不会，它本来就不吃盲蛛，再说它现在一直在动，这说明它根本没有捕食的欲望。”

“怎样才能知道它准备捕食了？”

“一动不动，前肢收缩。”

男孩滔滔不绝地向我介绍：“这只螳螂身体呈棕色，说明它已经进入晚年，命不久矣；这只是盲蛛，是不常见的昆虫，虽然叫‘蛛’，但不是蜘蛛，‘盲蛛’本身就是一个类别。”

男孩说，这些虫子在他手上爬的时候，他能感觉到它们非常友好，好像在和自己说话，如同《昆虫记》里法布尔把昆虫当作自己的朋友，朋友是不会彼此伤害的。

男孩还说，他养过螳螂、蜈蚣等昆虫，其中体型最大的是中华扁锹，和天牛长得很像，有两个大大的锯状牙齿。可惜那只中华扁锹后来死了。通过查询资料，他发现这种昆虫只在夜间出行，对光非常敏感，所以饲养时不能见光。由此他明白所有的昆虫都有自己的习性，必须生活在合适的环境里。

…………

其实，这次谈话是我一手“策划”的。该男孩平常话语不多，进初中后又不能很好地适应初中生活。我从他父母口中得知他非常喜欢昆虫，便事先向他“预约”，让他抓几只昆虫给大家看看，并借机向他请教。在

于是，在这个时候，他收获了同学们的目光，闪耀在同学们的视线里。

春游时，途经一片开满各色花朵的汀州。一位平时特别沉默的女生轻轻悄悄地靠过来，指着那紫色的花朵羞羞怯怯地告诉我：“老师，这叫紫花地丁。”接着指着那青花瓷般素色的小花，说那是婆婆纳，还有，那是莎草……

我带着惊奇的神情认真听着。其实，我早已对着《美人如诗，草木如织：诗经植物图鉴》了解过《诗经》所提到的植物，只是没想到她也对此关注。于是一面听她得意地介绍，一面啧啧赞叹，并顺便提及它们在《诗经》里的名字。女孩也惊诧于我与她竟然有着一样的爱好，于是跟我越发显得亲近。

此后，女孩变得愿意主动接近我，向我诉说一些成长的小秘密，或是与我一同在校园里走走。

工作中，我会预估有些事情的难度，并根据这种难度分别让不同的孩子独立完成，在提高他们自信的同时，也让他们感觉到自己被关注。我还会深入了解孩子的爱好和特长，为他们量身定制展示的舞台。

每周五，我的班级都要开展“一周心语”活动，每位同学写下本周自己最感谢的人和最欣赏的人，并由我当场隆重宣读。于是每周的这一天成了班级“奥斯卡颁奖典礼”的闪亮时刻，不断有同学被赞美、被描述，几乎每个孩子都经历过这样的闪耀时刻。于是，孩子们越发积极地表现自己，同时也越发用心地观察别人。

每每看到同事、朋友或家长用溢美之词反馈孩子的良好表现，我都会把这些词句让当事人亲眼看一遍，让他亲自品读字里行间的喜悦。或许只是一两句话，甚至只是几个字，但对当事人来说，这是一份沉甸甸的褒奖，能激励他更主动地表现自己。

班级每月开设一期“百家讲堂”，嘉宾有名家、老师、家长以及各行各业的人，也有本班同学，比如，横渡钱塘江的顾天夏同学、获得2017“中国杯国际定向越野巡回赛”赛区冠军的王菁同学、省健美操大赛第一名获得者占欣宇同学、市航模比赛第一名得主束宇辰同学、认得所有国家国旗的孔潇宇同学……都曾登上过这个讲堂，为同学们讲述他们的汗水和故事，同时也享受同学们的目光和掌声。

这一切，都是为了让他们感受到自己时刻被“看见”，尤其是自己光彩的一面会出现在大家的视线里。

渴望被关注，是孩子的天性。每个孩子，都渴望被人“看见”，渴望被人关注，这是人的基本需求，也是人存在的意义。一个人的表现欲里，隐含着自我肯定的因子，也隐藏着实现自我的积极意念。尤其在青春期，孩子的表现欲会急剧增强，会通过展示自己的与众不同，来证明自己的人格和地位。我们何不顺着这种天性，体察他们的内心诉求，并对之或维护或引导，从而来成全他们？

“求木之长者，必固其根本。”我们应当追溯事物的本源，做有“根”的教育。孩子的天性，便是教育的根本，教育之法，本于天性。

本于天性，不是任由天性，而是了解天性，尊重天性，顺着天性，守护天性，顺性挖潜，引导孩子向上、向光地生长。

本于天性，是用发展的眼光看待孩子身上存在的弱点和缺点，愿意放慢脚步，在等待中期待，平和而包容。

本于天性，要求教师心里住着一个孩子，不忘自己也曾是一个孩子，并始终站在孩子的立场上，走进孩子的心。

顺乎天性，才能率性而行。往更大的角度说，“能尽人之性，则能尽物之性；能尽物之性，则可以赞天地之化育”（《中庸》）。

教育也可以有童话般的浪漫

教育不是童话，但要有童话般的浪漫。这既是一种教育憧憬，也是一种教育信心。

——题记

万物皆有灵性，一切在于如何被浪漫地唤醒。

哪怕是朴拙的石头，若得一番匠心雕琢，也可以成为流淌着清音的乐器，可以成为加工谷物的磨盘，可以成为奠基屋宇的柱础，可以成为雅典的帕特农神庙、宏伟的万里长城……

万物皆有本性，况复人之性灵。教育，便是唤醒人的灵性的事业，是一颗灵魂唤醒另一颗灵魂的事业，这种“唤醒”本身就极具浪漫色彩。

一、浪漫，是骨子里的生动和有趣

课上，讲到黄埔军校校门上的那副对联。

上联：升官发财请往他处
下联：贪生畏死勿入斯门
横批：革命者来

一小鬼感叹道，我们班人才辈出，也像是一所黄埔军校。

大家马上联想开来，七嘴八舌。

有人提醒：我们不是革命者啊！

马上有人接应：我们是学习者，所以可以来个“学习者来”。

接着有人出了上联：“浑噩度日请往他处。”

又一阵七嘴八舌之后，大家对出了下联：“嘻哈随意勿入斯门。”

大家意犹未尽，让班级的“书法大师”詹雨蝶同学书写对联，贴在门上，既富有生趣又能时时提点。

一次带班，中途来了一位插班生，于是原来的48人变成了49人。本来四大组，每组六排，整整齐齐；现在虽只是多了一人，却给排座位带来了不小的麻烦。

这个座位放哪儿都觉得不妥：教室左后角，摆着卫生工具；右后角，是出入的后门；讲台边，粉笔灰多且距离黑板太近。都是遭人厌弃的位置。

最后，经过深思，我将这个多出来的位置放到讲台边，但放上一个“首席座位”的桌签，然后郑重其事地告诉孩子们，这个位置一个月更换一次，而且不是谁都能坐的，只有本月表现最佳或是进步最大或是有突出贡献的，才可以坐。

顷刻，这个座位从“冷板凳”变成了炙手可热的“宝座”。我不但顺利地解决了排座位的苦恼，还给这个座位赋予了独特的内涵，从而让孩子们欣然向往，努力向上。

上《丝绸之路》一课时，刚好有几位来自新疆的教师在跟岗学习。于是我事先邀请其中的徐老师利用中午时间来班级，与孩子们来一个现场“答记者问”。

有心的徐老师特意带来了一袋若羌红枣。我赶紧迎出门，盖住“若羌”二字，并将红枣一一分发下去，每个孩子只发一颗。

几个猴急的孩子马上开吃，嚷嚷着说好吃。我让孩子们猜这是哪里的红枣，他们都知道是新疆，但不知道偌大的新疆到底哪里产红枣。最后我出示“若羌”二字，让他们把书本翻到第68页，图中的“鄯善”便是今天的“若羌”。孩子们顿时对新课内容充满了好奇，并后悔刚才吃得太急，仿佛吃掉了某种历史的气息。

浪漫，是骨子里的生动和有趣。浪漫的教师身上，似乎有特别多的萌点和趣点，能让校园生活充满欢声笑语。如果教师能把校园生活经营得丰富多彩，学生自然会对它心生向往，并乐在其中。

二、浪漫，是灵魂深处的温暖和馨香

有一年冬天，大雪飘飞。孩子们看着窗外那厚厚的积雪，一脸神往。班里一女孩衣着单薄，满手冻疮。她母亲因为疾病长年在老家，整个家单靠父亲做保安的那份微薄收入来支撑，日子过得很艰难。

看着这女孩，我思索了许久。最后决定，带领全班同学去打雪仗。孩子们顿时雀跃。

兴尽后，我布置当天的作业：描写这次活动，第二天进行评奖。

最后，这女孩也得奖了，奖品是一条漂亮的围巾和一双厚厚的手套。

奖品虽然普通，甚至显得有点儿“土气”，但可以为女孩的整个冬天带来一丝温暖。这大概是我教育历程中给学生的一份最浪漫的奖品吧！

一女孩因为遭遇家庭变故，变得沉默不语。

学校春游那天，恰巧是她的生日。

于是，在春游回来之后，等到全班同学在教室里集中，我装作不经意地提到了这个生日。原本有些疲倦的同学们心领神会，振作精神，有的去拉上窗帘，有的去黑板书写祝福语，然后大家打开手机中的手电筒，挥舞着“荧光棒”，为她唱起《生日快乐》。

事后该女孩说，这是她过得最特别、最浪漫的一个生日，不会忘，也忘不了。

一次监考时，我突然发现了两个作弊“嫌疑犯”：后面的同学将一个小纸团轻轻地抛到了前面同学的座位边，前面的同学迅速拾起并揣在手里。

我平静地走过去，指指纸团又指指垃圾桶。学生起初疑惑地看着我，但随即明白了我的意思，“刷”地红了脸，轻轻说了声“谢谢”，把攥紧的小纸团放到我手里。

我很自然地把那小纸团撕碎、揉紧，扔到了垃圾桶里。

接下来的考试时间里，该生一直专心做题。

浪漫，是灵魂深处的温暖和馨香。浪漫的教师身上，散发着柔和的迷人光芒，温暖了那些孤寒的心，同时也为他们播撒下希望的种子，期待它们有一天破土而出，向着阳光生长。这种浪漫，是一种智慧，更是一种境界。

三、浪漫，是对生活的深情与深爱

曾经有一年，我跟随二十四节气的脚步走进八卦田，感受生命的节奏和时序，并用相机定格它们的“长相”，留存它们的“年鉴”。

在那里，我与每一种作物对视，与每一朵野花神会，与每一株树木对晤。舒缓而深郁的大地，给了我无尽的美的陶冶和智慧的启迪。

孩子们也认为这是一件浪漫的事，于是仿效我，组了一个小队，从小暑开始，每个节气走进校园，一期一会。待到第二年夏至，刚好走完二十四节气。那时，正是他们告别母校之际。

他们一一辨认校园里的树木，并每人认养了一棵，查找关于这种树的传说，了解与它有关的历史人物，看它是否当选为国树或市树，有没有被古典诗词或课文描述过，并与它留下在每个节气的合影。那一棵棵被认养的树，似乎成了孩子们一个个有生命的朋友。

在这个过程中，他们也在校园里留下了自己的身影和声音：他们在梦幻的紫藤长廊下聊过关于树的神话和神奇；在沉郁的樟树下谈论过树木对于人的价值及人对树木应持有的态度；在浪漫的樱花下讲过一些关于树的美丽故事；在金黄的银杏叶子上观察过它们的脉络，深味过秋天的气息……

孩子们还在最后一个学期的植树节当天，在操场边亲手种下了三棵木槿，一同种下的，还有他们的心愿瓶，以此来延续一个成长的故事。他们给这三棵树分别取名为“幺幺”“五五”和“六六”，谐“156”（2015 级 6 班）之音。这很容易让人想起海子诗中的那句话，“给每一条河每一座山取一个温暖的名字”。孩子们说，他们期待木槿花开，那花儿是他们在校园里的心意，如同一枚枚粉色的戳印，盖在了母校的大地上。

他们还将二十四节气中的校园照片做成影集，作为纪念礼送给母校。这真是一份浪漫的告别礼。它让校园生活变得如此多彩、如此浪漫，也让孩子们从此在心中留下了一朵“时间的玫瑰”。

浪漫，是对生活的深情与深爱。浪漫的教师，总有一颗善感、细腻、温情的心，能把教育生活过得轻舞飞扬。如果教师对教育生活一往情深，生活定将回报以明媚动人。教师若深情，学生多半光明。

四、浪漫，是遇见问题时的从容和优雅

寒假里，一位科任教师怀上了宝宝。因为种种原因，需要请假，这意味着接下来的一个学期她不能授课；又因为种种原因，教导处暂定的方案是由其他教师轮着代课。

对我而言，当务之急是安定好家长和学生的心，只有心定了，才能凝聚力量，一起对抗困难。

经过深思熟虑，我在家长群里发布：“各位亲，下面宣布一条特大喜讯。”

班级的家长素来响应积极，此时更是热切，跟了一长串的“鼓掌”表情。

我继续发布：“我们的陈老师终于得偿所愿怀上了宝宝。”

群里瞬间沉默。

我找了几位家长私聊，问他们有没有注意到群里的信息，并提到陈老师平时是如何欣赏他们家孩子的。

几位家长纷纷表示感谢，并祝福陈老师。

我趁机提议：何不到群里祝福，让陈老师看见？

待这几位家长在群里表达了祝福，我马上一一 @ 她们，代陈老师表示感谢，并把祝福的截图发给陈老师。于是有更多的家长跟着表达了祝福。

我不厌其烦，一个一个回复感谢，一个一个截图转发。

最后几乎所有的家长都表达了祝福。

我说："由衷感谢各位家长，你们如此珍视我们老师的孩子，我们老师也必将更加疼惜你们的孩子。"

…………

待开学后，面对学生，我先是宣布："同学们，我们的陈老师怀上宝宝了。"

同学们热烈鼓掌，并纷纷表示祝福。

我拍下了这一场景，发给陈老师，并告诉她，孩子们很激动，也很关切，同时关照她一定要好好保养自己，这是给她布置的特殊的"家庭作业"。

我继续对孩子们说："一块石头，可以是'绊脚石'，也可以是'垫脚石'，全在于我们如何看待它。现在，有这样一块石头摆在我们的面前，那就是陈老师需要安心静养，这一学期无法继续为我们上课了。我们该以怎样的态度对待这一块'石头'呢？"

开始，孩子们面露愁色，表示有点儿担忧。

后来，一男生说："我倒觉得，不同的老师给我们上课，可以让我们见识不同的风格，说不定还可以优化我们的思维方式，这样看来，这应该不算坏事。"

其他同学表示赞同。

此后，学习委员张天泽和学科干将兼课代表黄单德总是提前预习功课，一发现问题就及时向老师请教，然后在班里讲解或是解答同学们的疑问。

一学期下来，班级该学科成绩稳定。大家发现，原来真正的力量其实就在自己的身上。同学们甚至打趣道："科有黄，数有张，麻麻再也不担心我的理科了。"

浪漫，是遇见问题时的从容和优雅。有一颗浪漫的心，便处处有诗情，即便在遇见挫折时，也能保持从容、优雅。正如电影《美丽人生》中的圭多，在困厄的境地里，依然乐观地活着，在黑暗的处境里，还给世人一个光明的孩子。

五、浪漫，是带点率性的恣意与酣畅

春风和煦的三月的一天，孩子们感叹，要是能放一次风筝就好了！

为什么不呢？

“没时间。”

“凡是说没时间的，多是心不诚。”

孩子们惊讶地看着我。

“时间是躲猫猫的高手，只要诚心去找，总可以找得到。”

孩子们觉得有戏，兴致高了起来。

“为师一直主张，既然想玩就玩大的，如果想放风筝，那就请个风筝大师陪我们一起玩吧！”

“谁？”

“自己找呀！”

孩子们欢呼着，师生一起热火朝天地上网查找。功夫不负有心人，大家果然发现一位曾获得国际风筝大赛第一名的高手——王纪仪先生，就住在杭州。

这一发现令孩子们兴奋不已。

之后，是想方设法联系上王老先生，并登门拜访，参观王老先生的工作间，聆听他的生活美学，同时向他学习简单的风筝制作技巧。

接着，全班同学亲手做风筝。

再接着，王老先生隆重出场，为大家演绎了一堂精彩异常的风筝课。同学们不但领略了风筝的美，还从王老先生身上学到：生活之中处处都是美，就看你如何去经营和创造。

最后，大家把自己亲手制作的风筝连在一起，齐心协力地放飞到天空，一同放飞的，还有大家的思绪、欢乐和梦想。

他们说，这样的事以前连想都不敢想；他们说，这样的事会留给自己美丽而深刻的记忆；他们还说，以后会尝试着用自己的手创造出更多的惊喜。

一次秋游，去的是九溪十八涧。

我们班第一个上的车，到了之后，心急的司机待我们一下车就疾驰而去。

环顾四周，我们才发现此地不是目的地。而且除了我们，附近根本没有过往的行人。

我平时一直是个路痴，但此时只能佯装镇定。我打开手机里的百度地图，发现离目的地还有两公里。小鬼们围了过来，或提议，或指点，一行人就这样“摸索”着前行。到了此刻，我倒是真的镇定了。

路上，有孩子抱怨。我于是跑到队伍最前面，大声背诵杜生喜先生的那首小诗：

有人把弯路走直，
惊喜于找到捷径。
有人把直路走弯，
多看了几眼风景。

“同学们，我们今天便是——”

“把——直——路——走——弯，多——看——了——几——眼——风——景！”

小鬼们的情绪一下子转了个弯，逐渐兴奋起来，一路欢歌笑语。

浪漫，是带点率性的恣意与酣畅。浪漫的人，身上多半会透射出洒脱和不羁、恣意与酣畅。他们有着孩子般的纯真与烂漫，他们让想象力自由地飞翔。正因为如此，世间才会有这么多的惊奇和惊喜；也正因为如此，教育生活才会有这么多的传奇和神奇。

六、浪漫，是心灵间的互动与契合

教育中，我会用心经营一些细节。我深信每一个寻常的细节，只要精心经营，都可以创造出浪漫之境——

每逢科任教师或学生生日，便为他举行一个小小的仪式，让他的那一天过得不一般，也让校园生活充满蛋糕般的甜美和芳香。

每逢学年结束，花半天时间拍各种纪念照，或合影或独照，为孩子们留下更多时光里的自己。

学生参加岗位竞选，无论成败，都要发表演说，胜出的是就职演说，落败的是败选演说，为的是将他们培养成锐气而博大的人。

哪怕是学生的名字这类常见的细节，我也会做到物尽其用。比如，用他们的名字作藏头诗，并作为奖品送给他们；为他们量身定制谜语，调剂课余；用他们的名字来为他们所分管的备品命名；或者创造性地用全班同学的名字创编故事。

…………

教师的浪漫犹如一道光，会在孩子们身上“反射”回来——

几年前的一个暑假，我收到一位女孩的短信：“老师，今晚九点记得看看天空，那是我送给您的礼物，千万记得许个愿哦！”这么灵性的礼物，我当然笑纳。虽然那晚老家的天空有点儿阴，并未看到流星雨，但之后我会常常无意识地抬头看星空，总觉得那神秘的夜空与我有关。

一次，收到一位毕业已久的女孩的来信，古朴的信纸，还夹着樱花的花瓣。她说樱花的花语是“高雅”，是我在她心目中的样子。

孩子们自行购置了一个精美的记事本，记录班级的每一天，轮流撰写，美其名曰“156史记”。于是，班级的每一天都被定格，平凡无奇的生活被生动记录。每每翻看，都会从心底笑出声来。

有一次，我外出前来不及向孩子们说明，结果第二天看到了他们的留言：“老师，今天你没说一声就出去了，是不是想去赚钱养我们啊？”看得我直捧腹。

看到杭城许多地方的大屏幕上在播放我拍的公益广告，孩子们便拍照发给我，并戏称“郑老师，这下你引起全杭州人民的注意了，估计要火”，我则回复“为师不想当网红，因为为师是实力派”，孩子们做捂脸状。

新年那天，孩子们送给我一个漂亮的圆球心愿瓶，里面装满了他们的祝福和祝愿。事后得知，这些祝福和祝愿是他们一天一天累积而成的，如此细水长流地为我储存着幸福。

…………

于是，孩子们的上学和我的上班都成了一件快乐的事。暑假过后开学，孩子们写的话竟是“终于开学了”；临近毕业，他们说的话竟是“好想再过一回初中”。而我，何尝不眷恋校园，怀念与他们在一起的一个个瞬间?

浪漫，是心灵间的互动与契合。一个浪漫的教师，会沉醉于和孩子们的交互活动里，并创造出丰富的教育人生，培育出同样浪漫的人。教育若能培养出一个个浪漫的人，那它就不只愉悦了人生，更是调亮了社会。

教育不是童话，但要有童话般的浪漫，这既是一种教育憧憬，也是一种教育信心。当我们的教育充满浪漫时，梦想、创造、奇迹……一切便皆有可能。

培育一颗柔软心

土地柔软了，作物才长得好。心也是一块地，心地柔软了，才能生长出温暖、良善、慈悲等质素，才能让人变得光明、真诚、悲悯。

——题记

儿时，常跟随父亲或祖父去田间。印象至深的，除了祖辈父辈们挥汗如雨的场面，就是他们不管种什么，第一件要做的事就是整地——捡拾石头，铲除杂草，浅耕灭茬，起垄、作畦。

如果是种水稻，就用牛拉着犁深深翻耕，将土一行一行地翻过来，又一行一行地翻回去，整片田地彻底翻松一遍后，才开始耙地。一道一道工序下来，只为一点——让土地变得柔软。柔软的土地，作物才能深深扎根，才能强根固本，才有丰收的可能。祖父用家乡话直白地说，土地柔软了，作物才长得好。

童年的记忆一直窖藏在心底。我从此明白，柔软的事物往往具有更大的耐受力，也更具韧劲——

水，唯其柔软，才千回百转，成溪、成河、成湖、成海，流经之处，唤醒一片生机。

藤，唯其柔软，才百折不回，或缠、或绕、或援、或附，不断伸展，旖旎出一片风景。

我还发现，唯有柔软的事物，才内蕴着生命的可能——

坚硬的岩石、沙子，是很难孕育出生命的，而柔软的泥土却可以。

坚硬的果核、果壳，往往看不出生命的迹象，而柔软的果仁却蕴含着无限的生意。

心也是一块地，我们称为心地。这块地也需要时常松土、除草、灭茬、翻耕，以保持柔软。心地柔软了，才能生长出温暖、良善、慈悲等质素，才能让人变得光明、真诚、悲悯。可以说，一切正面的品格，其底子都是一颗柔软的心。

一、柔软心，是一颗矜于细行的心

人的每一个举动都有其精神质地的介入，这种精神质地并非凭空而来，而是点点累积的细行和渐渐沉淀的习惯在生活中的渗透。一个富有精神质地的人，他的良善就不是一种表达，不是一种技巧，而是一种自然流露。

别人尴尬时，不去看他；走出楼房单元时，轻轻合上门，以免惊扰到底层的住户；乘电梯时，见到有人奔来，就让电梯多停一会儿；公共卫生间里，洗完手后随即把手擦干，以免水滴到地上让清洁员重复擦拭；有抄表工上门抄表，在他离去时晚几秒关门；走出一扇门，为后边的人扶一下门……

这些，都是生活中一些微不足道的细节，但如果它们来自你潜意识的习惯，或者是你心念的自然流露，那么它们透露的，是你心灵的深度。

作为学生的精神榜样，教师更要为自己的心灵松土。一个内心柔软的教师，会随处释放出温暖，如一束春日的光，给人以心灵的抚慰。

一次出行，邻座的妈妈带着两个孩子，可只有一张票。

我把那三个月大的孩子抱过来，并让另一个女孩稍稍挤一下。这样，两个位置坐下了四个人。

一路上，那位妈妈不断要给我水和零食，并自拍下一张跟我的合影，说是为了永远留存；那个女孩一直“阿姨、阿姨”地跟我讲她的故事，满脸灿烂；那个在我怀里的孩子则一直对着我笑，纯真无邪。

于我，这不过是顺手的事；于她们，这却是一种心的安定。

教育之事，多具体而细微。如果我们能坚持用小小的贴心为孩子制造惊喜，那么我们便能在真实的情境中培育他们的良善。比如，时常与孩子聊天谈心，或聆听或开解，让孩子感到自己被关注，并从中获得支持和鼓励；借着一些节日，主动表达关怀，制造乐趣，端午节，就给每个孩子发一个香袋，中秋节，就给每个孩子发一个小小的月饼……这些在细节处的用心，犹如一片茶叶被放到了大茶壶里，看似不起眼，却让整壶茶都有了它的芳香。

柔软心，是一颗矜于细行的心。培育一颗柔软心，并不需要刻意的或是策略性的计划，只需要我们在日常生活中，在人和人的真实互动中积极践行，不辞小善，顺手行善。细微之处最见精神，点滴之间最是暖人，不论是一句简单的问候，还是某种重大的表示，那种发自内心的温柔都将让人动容。

二、柔软心，是一颗懂得接纳的心

一男孩，父母长期不在身边，年迈的爷爷无力照料好他的饮食起居，因此他看起来总是脏兮兮的，加上常与人起纷争，所以很不受同伴的欢迎。

一次，我与他在走廊上来回碰到了三次。第三次碰到他时，我感到这不是碰巧，于是回头找了个借口闲问，顺手为他理了理衣领。他那只一直放在口袋里的右手，几次想拿出，又几次缩了回去。终于，他吸了一口气后掏了出来——原来是一只苹果。

“老师，给你。”然后他热切地看着我。我本能地说了声“谢谢，留着自己吃吧”。他急了：“老师，干净的，我洗过了。”顺手又把苹果在自己的衣服上使劲地擦了几下，递给我。

我这才意识到，自己最开始并没有用心体察他的心意。几次“偶遇”，以及他的眼神，分明传递着他的担忧——怕我拒绝。

于是我爽快地接过苹果，解释说刚才是因为不好意思吃学生的东西才那样说的，然后当着他的面大口吃了起来。

“老师，真的好吃吧？”

“嗯，好吃，又脆又甜。”

“我就知道。这是我爸爸特意从外地寄来的，我吃了一个，很好吃，所以今天给您也带了一个。”

我的眼里顿时一阵湿润。

第二天，我给男孩带了一块巧克力，说是礼尚往来。

从此，这孩子常常在楼道处“遇见”我，并很自然地与我并肩前行，边走边聊。

一女孩中途转学过来。不到两周，科任教师纷纷反映，她上课几乎不听讲，顾自画漫画。漫画似乎就是她全部的世界，她沉醉其中，极少与周围的人交流，仿佛是一个孤独的存在者。

得知这一情况后，我没有直接找女孩谈话，而是先联系了她的妈妈，请她拍一张女孩最好的画作并发给我，然后我找到女孩，极力夸赞她的画技。女孩不好意思起来，羞怯地说自己的画技一般般。我趁机建议：既然你如此喜欢画画，何不来个大手笔，给班上每位同学画一幅画，这样既给同学们一份独特的礼物，又借机锤炼自己的画技和观察能力。

一个学期后，该女孩给所有的同学、老师每人画了一幅卡通肖像画。我于是大张旗鼓地为她开设了一个展览，隆重地将这些私人订制的作品展出。无疑，所有人，尤其是这女孩，从中收获了不同寻常的惊喜。

此后，同学们越来越愿意接受她，而她也渐渐地打开了心扉，与同学们自如相处。大概是不愿让老师、同学们失望吧，女孩上课时不再画漫画了，而是决定考取一所美术特色高中。最后，她如愿以偿。

柔软心，是一颗懂得接纳的心。接纳，也是一种给予，给予的是尊重、理解和信赖。对于不常被接纳的人来说，这份礼物尤其显得珍贵。平等地接纳学生，可能是门槛最低却又难以做到的教育起点，也是一种教师深层的温柔。

三、柔软心，是一颗愿意成全的心

读到一则特别动人的故事《把花留在这里》——

一牧师家有个花园，孩子们常横穿这个花园，并顺手摘走美丽的花朵。对此，牧师没有生硬地阻拦或是责骂，而是一早等候在花园里，只要看到有孩子想攀折，就上前帮忙挑选。待孩子挑选好，他就开心地告诉孩子，这花已经属于他了。然后问：是马上摘了带走，还是让它留在这里继续美丽几天？出人意料的是，几乎所有的孩子都选择把花留在花园里。最后，牧师送出了所有的花，却没有丢掉一支。

这个故事长久地影响着我。在生活中，我们有太多"胜过别人""超越别人"的念头，却鲜有"成全别人""成就别人"的想法。前者是勇，是为自己开辟一条道路；后者是善，是为别人营造一方晴空。

教育，本应成人之美。为此，我在教育生活中努力经营"成全"二字，以期为孩子们营造一个晴天。

一女孩接受能力特别弱，与之相随的是她更加弱的存在感。留意到她扫地工作做得非常认真，一丝不苟，边边角角都不放过，我就在主持每周例行的"本周我最感谢 ××"和"本周我最想赞美 ××"小结活动时，在众多入围者名单中，特意增加了她的名字。

女孩听到自己的名字后，眼睛一亮。我煞有其事地宣读，并带头鼓起掌来，全班掌声也跟着响起。没有人知道，我读的是一张空白的纸条。

我相信，这一丝光亮会点亮女孩的心，虽然有点儿微弱；我更相信，这样的光亮多了，她的心就会灿烂起来。

中考前三周，一女孩的妈妈突然对狗毛过敏，浑身起疹子，很是痛苦，便准备狠狠心把养了几年的小狗送人。女孩万分不舍，又不忍看到妈妈痛苦，纠结之余，向我倾诉和求助。

我宽慰了女孩，待她走后，马上联系她的妈妈，建议让女孩的爸爸带小狗三周。这样，既不会给她增添痛苦，又不会让女孩分心，从而能平静地复习迎考。

这位妈妈欣然接受，并一再表示感谢，说没想到老师会把这样一件小事放在心上。其实，这件事于别人，只是一件小事；于女孩，却是一件能乱她心绪的大事。

我愿做这样一件一件的小事，以此表达对一个一个孩子的在乎，如同在海边把搁浅的小鱼一条一条捡起来，扔回大海。

一次学情调研，全年级按姓氏编排考场，这意味着每个教室的考生大多是别班的学生。一开始，同学们很担心别班的孩子会不懂得爱惜这个教室，怕自己精心设计的教室会被弄脏弄坏。我说，我们只需做一件事，那就是更加彻底地把教室卫生搞一遍，洁净到令人震惊为止。同学们虽然狐疑，但还是照做了。

开考前，我特意跑到教室，告诉这里的考生，说六班同学特意将教室用心清扫了一遍，连死角都不放过，就是希望给你们创造一个美好的环境，祝愿你们考试顺利，你们愿不愿意还他们一个美好的环境？所有的考生都表示：愿意！

果真，考试结束后，所有的孩子都带走了垃圾，还不忘把桌椅对整齐。

这件事给了孩子们很大触动，原来成全别人就是成全自己。于是，他们更愿意积极主动地对他人表达善意。毕业那天，大家把自己的桌椅整理得干干净净，几个志愿者一丝不苟地搞好卫生，连黑板的凹槽都擦得锃亮发光，垃圾桶也里里外外地洗了一遍。他们这样做只为了一点——不给后来的学弟学妹们添麻烦。

柔软心，是一颗愿意成全的心。柔软心是一种无言的优雅和低调的智慧，照亮别人的同时，也照亮了自己；成全别人的同时，也成就了自己。“夫仁者，己欲立而立人，己欲达而达人。”（孔子）若人人都怀有一颗愿意成全孩子的柔软心，这个世界将变得绚烂而多情，温馨而浪漫。

四、柔软心，是一颗悲悯的心

前些时间，中国科技大学的一项“生活援助计划”感动了不少人。该校通过监测每个学生的一卡通在食堂的消费情况，对他们进行精准资助。如果有学生每个月的消费低于200元，学校就会每月自动给他打入

160 元的资助，持续 10 个月。自 2004 年以来，学校已经通过这种方式“隐性资助”了贫困生 4 万人次，资助金额超过 600 万元。

值得注意的是，学校从来没有主动公布过该项目的细节，以致该项目长期不为人知。他们的初衷只是让受助者有尊严地接受资助。相比那些苛刻烦琐的程序、冰冷的“贫困证明”、被迫上台的“哭穷比惨”，这所学校的“隐形资助”显得低调而简单，却更加令人动容。

真正的善不是施舍弱者，而是尊重弱者，让弱者变得强大。该校之所以采取这种“无言”的方式，是为了让那些寒门学子在享受温饱的同时，也享有一份平等和尊严，而不是在他们心中种下卑微的种子。对一个学生而言，最难培养的是他的自尊心，而最易摧毁的也是他的自尊心。助人而不欲为人知，行善而不着意于善，这是行善的境界，提升这境界的，是背后那颗悲悯之心。

班级中有不少进城务工人员子女。这些孩子普遍对“民工子女”“农民工”“外地户籍”等字眼比较敏感。于是我设计了一个活动，请大家用方言说一句话或讲一个笑话，然后让其他同学猜猜其内容是什么。顿时，全班同学兴致高昂，他们甚至还用方言为《简·爱》等经典电影片段配音。那各具特色的方言，给了大家一种“下里巴人”的热闹享受，乐得一干人马前仰后合，并悄然间淡化了进城务工人员子女对户籍的敏感和自卑。

而我，还常常在放学后留在教室里办公。因为这些孩子的父母普遍回家较迟，所以他们就索性留在学校里完成作业，我正好可以利用这段时间与他们谈谈心，并且做到毫不刻意，不留痕迹。

我会带领学生参加公益活动，或是长期帮助一个需要帮助的人；组织学生体验社会百态，采访各行各业的人，到街上看小贩谋生，自己购买火车票体验进城务工者的返乡经历等；鼓励他们把看到的、听到的、感受到的都记录下来，把社会当作一本更丰厚的教科书。

学生从中感受到，帮助别人，意味着自己有能力；帮助别人，既能提升他人的生活质量，又能提升自己的生命质量。于是他们愿意深度走进社会，做社会进步的参与者和推动者，而不是旁观者，把自己建设成为具有社会责任感的成熟的公民。

柔软心，是一颗悲悯的心。悲悯的心地里，可以开出世间最美的花。它根植于内在的良善，没有预设，不求回报。它源于懂得和不忍。因为懂得，所以慈悲；因为不忍，所以悯人。

五、柔软心，是一颗能唤醒他人的心

教育是心灵的事业。教师应不断地为学生的心灵松土，并播撒下良善的种子，守护它们向上向光地生长，最后在天空开花结果。

有些孩子以为善离自己太遥远。为此，我给他们讲述了“善”的造字本义：善，其上部是“羊”，通“祥”，表示神态安详；下部为“卄”及“口”，意为两个“言”，表示言语亲和。善字的本义是正颜色、出辞气，这些都是随手可得的善，诚如孔子说的，“仁远乎哉？我欲仁，斯仁至矣”。孩子们猛然醒悟到，众里寻它千百度，原来善就在自己内心的“灯火阑珊”处。

有些孩子期待着别人行善。为此，我精心开设了主题班会“这些事与你我有关”，引导孩子们学会主动关怀。班会之后，孩子们开始对身边的人、事、物表现出热情和关爱：有个孩子感冒了，便独自一人走到边上去吃饭，说是怕把感冒传染给同学；有个孩子在书包里常备着风油精，说是万一班里有同学被蚊虫叮咬，可以用它止痒止痛；有个孩子总喜欢带点儿面包，说是如果有同学没来得及吃早餐，这个面包可以用来填肚子……这些，都是细微却暖人的细节。

有些孩子以为善是一项宏大的事业。为此，我倡导“顺手慈善”，告诉他们善不在大小，有时顺手的一个善意之举，也照样传递着人与人之间的信赖，延续着人与人之间的温情。于是，我看到：一女孩每周五将教室里的抹布带回家洗净、晾干，周一再带回；一男孩一下课就会在第一时间捡掉讲台地面上的粉笔头，以免被踩碎弄脏地面；两女孩一到寒暑假便将教室里的绿植领回家，开学重又带回，如同守护宝贝……

教育中，也不乏误入迷途的孩子。每每此时，我都会竭力去唤醒他们埋在灵魂深处的爱、良知和尊严。对孩子，我们只要在心灵上再走近他们一点儿，多给他们一点儿关怀，多一点儿期待，他们心灵的天空就可能会多一点儿晴朗。

一位霸道的学生，我坚持每天送他回家，以免他在路上殴打其他孩子；坚持每天为他买好早饭，以免他敲诈别人；坚持每天为他讲一个哲理小故事，为的是给他精神濡染。

一位爱说脏话的学生，我罚他去擦班级的镜子，并告诉他：“心灵也是一面镜子，需时时拂拭，勿使惹尘埃。”

一位喜欢拿别人东西的学生，我赠予他一支精美的笔，寄语他写好人生的每一步。

一位心胸不够宽广的学生，常常得理不饶人，我给他留言：“当你是少数时，保持勇气；当你是多数时，保持宽容。”

一位严以待人却疏于律己的学生，我送给他这样一句话：“一个人在面对外面的世界时，需要的是窗子；一个人在面对自我时，需要的是镜子。用窗，可以看见世界的明亮；用镜子，可以照见自己的不足。”

…………

柔软心，是一颗能唤醒他人的心。用一些平凡却能打动人心的细节把学生的心灵唤醒，使之在人生的各种场合都能保持在场，这是一个教师最大的善，也是教师灵魂中最美的音乐，无声，却绵长。

六、柔软心，是一颗具有生长力量的心

教师播下的温情种子，会生根发芽、抽穗拔节，并长成一片温馨的乐园。所谓“爱出者爱返”，教师绵绵不断地释放他的关怀，学生也会在生活的细节里细水长流地表达他们的爱。

一次晚上在办公室加班，一男孩气喘吁吁地跑进来，说看到我的办公室灯亮着，猜想我还没有吃晚饭，特意送来一个苹果。

一次，我不慎打碎了杯子，结果第二天，一男孩带来了一个新的杯子。事后从他妈妈那里得知，男孩单是挑选材质就花了很长时间，说玻璃和陶瓷杯子虽然好看，郑老师也一定喜欢，但不锈钢杯子不容易碎，可能更适合郑老师。

一次外出学习十天，期间收到一位孩子的短信，她说："郑老师，戊午年八月初八，公元1978年9月10日，是您的生日。其实，同学们都知道，但他们都藏着这个秘密。今天是丁酉年的八月初八，同学们一直计划着给您庆祝生日，可农历和阳历的生日您都不在校……可是……郑老师，生日快乐！"那一刻，我落泪了。

…………

我常对孩子们说："真正考量我的，不是你们对我的眷恋，而是你们能怀着开放、友善和包容的心面对将来的一切。"渐渐地，孩子们不只对我表达关怀和爱，对身边的人、对遇见的人，也是如此。

对亲人，他们会用小小的贴心来制造惊喜。比如在母亲节，有的孩子用省下的零花钱给妈妈买了一支大品牌的口红；有的陪妈妈去做了一次美容，因为他们觉得陪伴才是最长情的告白；有的亲手给妈妈做了一个蛋糕，还不忘在上面放一枝康乃馨；有的陪妈妈看了场电影，还买了桶爆米花哄妈妈；有的则承担了家务，做饭、洗碗、拖地、带妹妹，让妈妈在那一天做个"自由女神"；有个孩子不巧那天外出比赛，回来时已经很晚，却依然不忘给妈妈带一盒巧克力；还有个女孩，买了一盒5000片的拼图，本想拼好后在背面写一封信，结果连三分之一都拼不出来，只好紧急画了一枝花送给妈妈，但表示不会放弃拼这个拼图，说总有一个母亲节能把拼好的图送到妈妈手上……收到这样爱意满满的礼物，妈妈们自然感动于心，她们的生活于是平添了浪漫和温情。

对在校园里遇见的人，他们也会自然而然地传递温暖。一孩子过生日，当时刚好有位师傅在修电扇，于是顺手也送他一份糕点；看到保洁阿姨刚拖完地，孩子们便沿着墙脚踮着脚尖轻轻移过去；看到保安，他们从来都是热情地打招呼。

对在生命里遇见的人，他们都懂得珍惜。班级每月开展的"百家讲堂”活动会不定期地邀请一些校外的嘉宾。对这些嘉宾，孩子们会在逢年过节时，三五结伴地去看望，让情谊不断延续。来自西藏的次旦普赤老师来杭州学习一周，特意为孩子们带来了奶渣，并用藏文写下每一位同学的名字；而孩子们则回赠以同样的热情，准备了西湖十景的明信片，给次旦普赤老师班上的每一位孩子寄了一张，说虽然两地相距 3800 多公里，但彼此的心可以很近。

他们不但对人有爱，对物也有情。一个三月中旬的周日，一位已经毕业的女孩回到学校，只为再看一看校园的美。她说春天的花期太短，不想错过这一刻；她说闻着樱花的香味，心都甜了；她还说，看校园时，以前用眼，现在用心。校园里的草木，对他们来说具有特别的情感意义。有一年，因为“雨水”节气不巧是在大年初四，有些孩子遗憾不能回到学校，但依然不忘在老家拍下照片，说在家乡也能感受到雨水画卷。一位认领了两棵雪杉的男孩，为了拍下这两棵树的风姿，不惜躺在潮湿的地上，还不惜绕很大一圈跑到科技楼楼顶，只为拍到最佳角度下的雪杉靓影。大寒过后，下了一场大雪，看到校园东北角的一株樟树被雪压断，几个女孩落了泪，说心疼。

柔软心，是一颗具有生长力量的心。柔软心，就是古人说的“仁”，“温良者，仁之本也”，尊重人道，相信人性相通，视人若己。这一点其实可以推广到其他物种，所谓众生平等。于是，爱和情意就在各种关系间循环往复互动，绵绵不息。

柔软心，是河水深处的潜流，富有力量却不起波澜。

柔软心，温柔敦厚而不愚，是灵魂深处散发出的馨香。

农人把百谷留给黑色的大地，画家把色彩留给艺术的大地，作家把文字留给文学的大地，身为教师，我把一颗柔软心留给教育的大地。我心柔软，教育方得恒久而温暖。

培养有品的人

一个人见识过美、经历过美，就不容易被不美的或次美的东西所诱惑，就会拥有一种力量，本能地去对抗世俗的粗糙，永葆内在的生趣和审美的人生态度。

——题记

一学生说，工作后，她也每周订一束鲜花，装点方寸之地，如我当年那样。

一学生说，她现在当了会计，时常会想起我那句“干净，永远是美的第一要素”，时刻提醒自己保持干净，尤其是自己的双手，永不做假账。

一学生说，他至今保持着看书的习惯，如果没有整块的时间，就利用好碎片时间，无论走到哪里，都会随身携带几本书。

一学生说，初中三年，因为我对仪式感的重视，他也养成了一个习惯：每天早起时花三五分钟收拾房间，然后在床上摆一个超萌的大熊，以开启美好的一天。

一学生说，看到我的朋友圈里时常有关于家人的文字和照片，她现在也会随时给家人拍几张，并配上一些文字，发现一些原以为寻常的片刻事后都成了美丽的回忆。

…………

每每与学生话当年，我都忍不住感叹：如果教师所施的教育能触发学生对美的感受或体验，那么美就会悄无声息地在他们的心里生根发芽，潜移默化地成为某种品味。今后不管在哪里，不管从事什么职业，这种品味都将伴随他们一生。

一个有品的人，不容易被无品的或次品的东西所诱惑，因为他拥有一种对抗粗糙和贫乏的力量，能永葆内在的生趣和审美的人生态度。外国有一句谚语，“当一个人手里拿着小提琴时，他就不会干坏事”；有位哲学家曾问弟子：如何让旷野不长杂草？答案是种上庄稼。说的都是一个道理。

作为一项向美而生的事业，我们的教育当远离粗放、简单和生硬，涵养一点儿人文、精致和生动，培养懂得欣赏、善于创造的优雅、有品的人。

一、有品，是一种欣赏力

世人总是感叹，熟悉的地方没有风景。

比如我们的校园，师生们天天身处其中，朝夕相见。可恰恰是这样的熟视，反而造成了无睹。每天去食堂吃饭必经的路旁，那棵垂丝海棠何时开出了第一朵花？课间操候场时陪伴身边的银杏树，何时变得一身金黄？校门口的校训，我们真的“看见”了吗？这些问题，很少有人能清晰地答上来，甚至不少人会疑惑：这些，重要吗？

虽然这些问题并不会对我们的学习、工作和生活带来显著的影响，但如果我们对此从来都是嗅而不觉、充耳不闻、视而不见，那生活的趣味和美好也将随之悄然流失。

世间万物的价值，源于如何被发现以及如何被赋予意义。花草藤蔓，在我们眼里是风景，在牛羊眼里却只是食料；琴棋书画，智慧明达的人用以陶冶性情，而附庸风雅的人却只用以装点。可见物无定品，随人识见而定高下。若想发掘其价值，我们必须具备一颗善感的心和一双敏锐的眼睛。

为了唤起自己的敏感心，我曾在每个节气走进八卦田，与田里的作物对视，并拍下生动的图片，与孩子们一起分享，有时甚至带他们一同前往。

美好的东西总是自带磁力，孩子们也向往这样的行走。但因为上学时间的冲突，他们大多无法去八卦田。然而，他们与大自然亲密接触的热情越来越浓烈，于是，准备另选一个地方，循着二十四节气的脚步，感受季节的轮换和岁月的更迭。校园，无疑是最好的选择。

菁菁校园，草木贲华，那一草一木带着美丽的故事如同带着美好的种子落到了孩子们的心里，并在不经意间开出一朵朵花来。

一位名叫顾天夏的男孩说："校园里，一草一木皆拥有故事，每时每刻都值得记忆。一年二十四个节气，几十张照片，于校园不过太仓一粟，于我却是一生的回顾。"

一位名叫占琪的男孩说："树用年轮留下了自己的编年史，这是它的内心日记吧，原来树是有语言的。推而广之，闪烁的星星是有语言的，阳光是有语言的，原来大自然的语言是如此的丰富。"

一位名叫黄单德的男孩说："现在每次外出郊游或旅游，我都会不自觉地观察那里的一草一木，觉得它们真的无比动人。"

队长王杨洋说："现在我不只对草木，对人的观察也比以前更加细致入微了，不会停留于看到什么、听到什么，而更愿意去读懂。"

原本寻常的校园，此时变得诗意盎然，仿佛是一本刚打开的诗集，充满了生动的词句和美丽的心语。

有品，是一种欣赏力。在一个懂得欣赏、善于发现的人眼里，凡物皆有可观；而在一个没有欣赏力的人眼里，即便钻石也与普通石头无异。教育，若能培育孩子善感的心和敏锐的眼睛，使他们见人所不能见，那么，他们的世界将随处都有风景。

二、有品，是一种创造力

教育工作容易让人产生职业倦怠感，其中最主要的原因是工作量大且重复。除了常规工作，还有不少琐事，另有一些循环重复的事，比如各种节日的活动安排，每年都有，如果连续带班，教师可能会苦恼于如何年年岁岁"节"相似，却能岁岁年年"礼"不同。

如何在一项看似重复的工作中创造出奇崛？这需要一颗灵动和创新

的心。如果我们能在重复的事情里手动添加一点儿新的元素，或者在众多点滴中捕捉到一点儿别样的东西，并用特别的方式呈现出来，那么，我们就会源源不断地制造出惊喜。

以教师节孩子们送给科任教师的礼物为例——

七年级时，我组织孩子们征集金点子，并一一记录。最后，孩子们决定，给每个科任教师画一幅卡通肖像画，为他们私人订制一份小惊喜，并且全班同学相约在 18:18 分同时给每个科任教师发送一条祝福短信，让老师们的幸福感在那一刻爆棚。

八年级时，继续征集金点子，并遴选。最后决定，根据学科特点来描述每个老师，比如，用文言文描述语文老师，用英文描述英语老师，用物理变化和化学变化的方式描述科学老师，等等。且看孩子们给数学老师的礼物：“已知：杨老师是我们班的数学老师；求证：杨老师是一位______的老师；证明：……；结论：杨老师是一位______的老师。”有人采用了反证法，有人采用了相似三角形证明法，也有人采用了数据对比法……精彩纷呈，让人忍俊不禁，也让人感动于心。

九年级时，因为面临毕业，孩子们决定为每位科任教师量身定制一段评语作为礼物（见文末附）。比如，他们赠给数学老师的礼物是：数学老师啊，在线条交错的阡陌里，您耕耘着数的美丽。您说，人生如 X 方程，一切都是未知，于是我们追问：人生几何？您又说，人生是一道证明题，每一个困难都是一个已知条件，要用毕生的力量去求证。您用尺子丈量曲直，用圆规规划圆缺，于是我们明白了“没有规矩，不成方圆”。您以讲台为圆心，以平等的爱为半径，书画着您的教育事业。我们无法用加减乘除来计算您的爱，但我们确信，在我们心目中您永远都是 $+\infty$……其他学科，莫不如是，他们一一勾勒出科任教师的每个棱角切面。老师们说，这样用心的礼物，让他们感动。

再如端午节，我们也是精心“烹制”，三年不重样，年年让人历久难忘——

七年级时，我送给每个孩子一个香袋，让那抹香气带着祈福留存于孩子们的心底。

八年级时，我发动家长一早起来煮粽子，让孩子们品味清香的粽子，我还给孩子们上了一堂“万水千山‘粽’是情”的主题班会课，留下了一抹浓浓的端阳情。

九年级时，我拿出事先准备好的五彩线，煞有介事地对孩子们说，这些五彩线有青、白、红、黑、黄五种颜色，分别代表着木、金、火、水、土，也分别象征着东、西、南、北、中，蕴涵着五方神力，可以驱邪除魔，祛病强身，使人健康长寿，不过如果由长辈来给孩子佩戴，效果会更好。原本普通寻常的五彩线顿时被赋予了神奇。孩子们马上去找来科任教师，欢天喜地地等老师们来给他们佩戴。“端午”这个词，此时在孩子们心中早已超越了习俗本身，而承载着美好的祝愿。

有品，是一种创造力。美，无处不在，关键是我们如何去发现、去创造、去实现。即便是重复的事情，也暗含着各种可能与变化，只要能附加上创意，平凡的东西也会立时增值，重复的事情也会顿显奇崛。心中有创造的源头活水，这个世界便会处处充满天光云影。“看似寻常最奇崛，成如容易却艰辛”，是教育的真味，也是教育的胜境。

三、有品，代表着一颗匠心

每每接班，我都会郑重其事地开设一系列以“追慕美好”为主题的班会课，教导孩子们学会做人——做一个善良、丰富、高贵的人，学会做事——做到自己力所能及的极致，倡导用生动对抗单调，用丰富对抗贫乏，用精致对抗粗糙。

我给孩子们观看李宗盛的广告片《致匠心》，让他们深味一个音乐巨匠对极致和完美的执着追求；我还给孩子们讲解《庖丁解牛》，让他们体会“道也，进乎技矣”的深意。

经过细水长流的熏陶和濡染，孩子们渐渐认识到，检测品质的标准之一，就是他做事时所具有的精神。一个人所做的事某种意义上体现了他的人格，是他“真我”的外部写照。作品就是作者自己，看一个人所做的事，能“如见其人”。

有了这样的认识，孩子们逐渐提高了做事的品质，每做一事，必专注于斯，哪怕再微小的事，也要精益求精——

擦黑板，就要擦得连凹槽都没有粉笔灰；擦电脑桌，就要连键盘的缝隙都不放过；扫地，就把电脑桌底下的电线也擦拭干净；倒垃圾，就把垃圾桶里里外外洗一遍；管理书柜，就向学校图书管理员请教，购置来借书卡，贴好标签；管理挂钟，就把时间调得跟传达室的挂钟分秒不差……这正应了那句话：“假如你命该扫街，就扫得有模有样，一如米开朗基罗在画画，一如莎士比亚在写诗，一如贝多芬在作曲。”

期间，我几乎每天都会抓拍一些细节的照片，并发到家长QQ群、班级QQ群、家长微信群或是自己的朋友圈里，让孩子们的作品经常性地被展示。孩子们也感到自己始终在大家的视线里，于是越发保持热情，乃至渐渐形成了高品质做事的习惯。

有品，代表着一颗匠心。细微之处最显魅力。教师如果能在日常的教育里，引导学生培育起一颗匠心，那么今后他们无论做什么，一旦投入，就会全力以赴，做得斩钉截铁，习惯于超出别人的预期，尽善尽美。一事极致，才见匠心；一事精致，方能动人。

四、有品，是一种深爱

叶嘉莹先生的弟子是这样描述她的：“在讲台上那儿一站，从声音到她的这个手势、这个体态，让我们耳目一新。没有见过，真是美啊。”美好的人，会自带迷人光彩，让人喜爱和起敬，其深层表现的，是对人的尊重、对己的悦纳和对生活的深爱，而生活回馈给他的，必定是足量的精彩。

往上追溯，叶嘉莹的老师顾随先生也是这样美好的人，“有时站在讲台上，一语不发，也是无言的诗”。学生，真的是教师的精神后裔，不但会模仿教师的言谈举止，更会被教师的精神气质和审美品味所濡染。

教育是关乎灵魂的事业，倘若教师能在工作或生活中涵养起性情和品质，充实而有光辉，他就能给孩子树立起一个有品的典范。

我深知生活本庸常，需要手动加一点儿想象和审美的力量，于是用郑重和虔诚的心勾兑，把枯燥的日子和寻常的生活过得浪漫有品——

下班回家，与家人一起做一顿晚餐，一个洗切一个烹制，用一顿可口的餐点犒劳辛苦了一天的自己，让柴米油盐也有诗情画意。

洗漱后，靠在绵软的床头看点儿有质地的书，让心绪安宁，也让一夜安眠。

培养一点儿兴趣和爱好，腾出一点儿时间做自己喜欢做的事，从而既释放压力以缓解情绪，又在无形中给予自己力量和欢乐，甚至在失意时重拾热情和信心。

利用闲暇时间与孩子们一起过有书籍相伴的生活，比如相约去书城，在文字的世界里汲取可生长的力量，滋养心灵。须知读书不但能医愚，还能医俗。

工作时全力以赴，因为工作不但是生活的保障，也是实现自我、成就自我的极好途径，从某种意义上说，用心工作是对自我生活品质的最好注释。

时常记录思考所得，凝华成文字，并与孩子们一起分享，这样做，除了记录那个时刻，还能在无形中为孩子们树立一点儿精神成长的榜样。

…………

有品，深层透露的，是对自己和对生活的珍爱，是在有限条件下对最好风格与方式的追求，从而使自己即便身处平凡，也能创造出愉悦、自主的心灵空间。这种品质会悄然影响学生，成为教育的有力支撑。

于是乎，我看到：每个孩子都注意仪表形象，干净整洁、精神饱满；他们还会时时注意自己的言行；偶尔，他们也会与父母一起跑跑步或是散散步，让校园生活和家庭生活都过得幸福快乐。

有品，是一种深爱。这种深爱，能赋予平凡的日子以独特的审美格调。一面怡养性情，形成内心的和谐；一面规范言行，形成生活的秩序。把工作和生活过得生动而精致，让自己变得从容而优雅，这本身就是一种不言之教。

五、有品，是一种修养

“马老师，《水浒传》里的女性很少，而且这么少的人物，还基本上都是反面形象：有的已经男性化了如孙二娘，有的是荡妇如潘金莲，有的是社会渣滓如王婆，似乎只有林娘子还算得上完美，但着墨却特别少。这样的人物设计和安排是不是对女性不公平？”

“马老师，《水浒传》所揭示的主题到底是正义的还是非正义的？”

“马老师，书中 108 条好汉其实大多是官逼民反、迫不得已才走上梁山的，而不是发自内心去除暴安良、行侠仗义，这样的人物算真正的英雄吗？”

…………

这是班级第 25 期“百家讲堂”中的一幕。同学们开阔的思路和独特的视角，让主讲的杭州师范大学马成生教授大为惊叹。其实，这只是班级“百家讲堂”开展两年多来的一个侧面。

班级的“百家讲堂”，每个月开设一期。主讲嘉宾有著名画家和著名学者，有国际风筝大赛冠军等行家或行业翘楚，有本校教师、学生、家长、厨师等身边人。主讲的内容则包括衍纸、牛轧糖、肥皂等生活小物件的制作，横渡钱塘江、西北骑行、川藏骑行中的见识见闻，以及礼仪修养、国学经典、民间艺术、美食烹饪、科学知识，等等。

把各行各业的人请进教室，与孩子们面对面地互动交流，就好比是把社会生活中的不同场景和截面挪到了教室。这样的“百家讲堂”，打开了孩子们观察社会的窗口，拓展了教育的时空维度，让孩子们看见了更辽阔的美，大大提高了他们对事物的思考能力和理解能力。

比如，针对学生抱怨食堂的饭菜不好吃这个现象，我邀请了会川剧变脸的余师傅担任第二期班级“百家讲堂”的嘉宾。余师傅精彩的表演和他对食堂工作的一丝不苟，引起了孩子们的惊叹和思考，更重要的是，他们从此对劳动和劳动者多了份理解和尊重。再比如，我们开设了一次“衍纸制作”的讲座，巧妙地让一张张普通纸条变幻出青蛙、公鸡、少女等形象，让心灵迸发的创意表现在指尖上，宁静、唯美。

不只“百家讲堂”，凡有利于孩子精神成长的资源，我都努力开发。同时，尽力让所有的活动都保持内在的一致性，使之成为一个有机的整体，从而让孩子们过一种有主题的教育生活。

比如，我利用午间这块学习上的边角料时间，开展班级文化建设，或是播放学生自己挑选的音乐，或是观看影片、文化节目，或是组织他们阅读。《美丽人生》《阿甘正传》《死亡诗社》《肖申克的救赎》《教父》《公民凯恩》等电影，《中国梦想秀》《感动中国》《开学第一课》《开讲啦》《中国汉字听写大会》等节目，《追风筝的人》《瓦尔登湖》《美学散步》等书籍，都曾陪伴过他们，给他们带来了精神成长的密码。

这些事看起来并不紧急，也因此显得不怎么重要。但是，恰恰是锻炼身体、结交好友、欣赏艺术、发展爱好、与智者对话这些看起来可有可无的事，构成了人的核心竞争力。

从某种意义上说，教育的无用即大用。许多美好事物的不期而至，是长期潜在的修养在某一时刻的成果显现。“汝果欲学诗，工夫在诗外”，我鼓励每个孩子培养一两项特长，不是为了获得保送资格或是中考加分，而是为了丰富人生。我全力创造条件给孩子们以美的熏陶，不是为了吸引眼球，而是想与他们一起过有美感的人生。

有品，是一种修养。审美的感官需要修养，借助修养我们才能发现美、品味美。审美的修养是一个养育和浸润的过程，需要文火慢炖，不能急着“变现”，而要耐心“储值”。它很难在短时间内见出成效，但如同酵母，假以时日，会绵绵不断而又自然而然地散发出香气。朱光潜先生曾说，美是一生的修行。诚如斯哉!

有品，是对美的深度认识，是用审美的生活方式和人生态度，发现世间的美，或是创造出新的美。教育中，我们应当做一个有品的教师，让自己富有美感和质感，同时培育出有品的学生，让他们变得不俗、有风度。

献给每位科任教师的教师节礼物

敬爱的老师，是您，为我们传播知识的花粉，让我们以绚烂的姿态绽放；是您，为我们搭建了人生的舞台，让我们流光溢彩，为自己期许一个美好的未来。

敬爱的语文老师，您带领我们走进诗词曲赋，在一阙阙悲欢忧喜的人生诗词里平平又仄仄。您带领我们走进之乎者也，让我们在汉字里领略了雅人深致。您带领我们细味语段篇章，追寻着那片温暖的精神憩园。您用圈点勾画在我们的人生册页里题写笺注和眉批，编织出思想和灵魂的锦绣文章。因为您，我们有了不尽的暖人情怀存留心间。

数学老师啊，在线条交错的阡陌里，您耕耘着数的美丽。您说，人生如X方程，一切都是未知，于是我们追问：人生几何？您又说，人生是一道证明题，每一个困难都是一个已知条件，要用毕生的力量去求证。您用尺子丈量曲直，用圆规规划圆缺，于是我们明白了“没有规矩，不成方圆”。您以讲台为圆心，以平等的爱为半径，书画着您的教育事业。我们无法用加减乘除来计算您的爱，但我们确信，在我们心目中您永远都是$+\infty$。

英语老师，您用26个奇妙活泼的字母搭起桥梁，让我们走向更辽阔的天地，带领我们走进无限国度。由此，我们开始放眼世界，同时葆有一颗纯正的中国心；由此，我们确立了一个远大的理想，那就是做一名世界公民。正是因为您，我们懂得了只有努力把握现在，将来才不会虚拟；也正是因为您，我们努力追求最高级，把我们的理想化成一个个情态动词。

物理老师，您的课堂像一个磁场，把我们深深吸引。您用棱镜为我们折射出人生的七彩之光，点燃了我们的创新热情，这种热情正以加速度的方式在蔓延。您以辛勤为杠杆，以知识为支点，为我们撬动起有着无限可能的明天。您说质量可以计量，但我们无法计量您那多姿课堂的质量；您说密度可以测定，但我们无法测定您的爱的密度。无论光影如何变幻，我们都会以自己的眼睛为透镜，把您定格为心中永恒的实像。

化学老师，您是碱，我们是无色的酚酞，碰到您，我们的生命便异彩纷呈。您用钾钠银氢，为我们演绎出奇妙的万象世界，您简直就是一个高明的魔术师。当我们与您相遇时，我们便产生了奇妙的化学变化，我们的兴趣如白磷瞬间被您轻易点燃，亦如带火星的铁丝被投进了集气瓶后剧烈地绽放。即便我们的学习发生了可逆反应，您也总能让我们达到化学平衡。就让我们用稀有气体，把您与我们的回忆珍藏在心底吧！

生物老师，您说，丛林里的植物都自成法度，彼此和谐生长；您又说，世间的精彩纷呈并非来自偶然，而是来自万物之间的协同进化。于是我们在理解“物竞天择，适者生存”的同时，更学会了彼此关爱。您说，每样物种都受环境的影响，也同时是其他物种的环境。于是我们力求做一个更好的自己，以期成为他人的良好环境。而今，我们的心灵土地上生机绵延，盛开着五颜六色的诗篇。

亲爱的思想品德老师，您说“充实之谓美”，于是我们努力提升自己的精神颜值，追寻一种恒久的美。您说“不矜细行，终累大德”，于是我们谨于至微之事，小处不渗漏，暗处不欺隐。您说许多困难不过是一些假摔，甚至是由机遇伪装而成的，于是我们学会了坚强。您说人生的意义在于绽放，于是我们聚敛生命中的每一点儿微光……您的语言如淡淡月光，永远散发着一种迷人的光芒，我们相信经年之后它依旧清辉如许。

历史老师，您用时空编织着历史王国的经纬，从宇宙洪荒到文明开化，从秦汉隋唐到宋元明清，从七雄五霸到唐宗宋祖，为我们拨开了历史的浮尘，带领我们跟随历史的滚滚车轮回溯到曾经的跌宕岁月，领略那动人的千古浩叹。在您铺呈的历史画卷里，我们似乎看见了孔孟老庄的悠然怀想，似乎听到了古训今闻的动人传唱，体会到了人类从愚昧走向文明的曲折漫长，并为此不敢虚度此刻的时光。我们不只以史为鉴，以知兴替，更是以人为鉴，以明得失。您在我们心中如陈年佳酿，历久弥香，悠远绵长。

地理老师，人说文章是案头之山水，山水是天地之文章。是您，指引我们读完万卷书后去行万里路，引领我们饱览无边河川。您说，许多事物，看着相似，实则相去甚远，比如天上的繁星；而许多事物，看着相殊，本质却是相同的，比如金刚石与石墨。于是我们努力练就一双慧眼，一边看云看月看星光，一面看脚看路看方向。您用一球为我们指点天下，于是，我们即便行到水穷处，也能坐看云起时，如此，诗意地栖居在大地上。

音乐老师，在哆来咪发声中，您让知识的清泉叮咚作响，您用跳动的音符为我们谱写出一曲曲清音，或寂静或澎湃，或轻吟或浅唱。您说无论是阳春白雪还是下里巴人，都是表达真实感情的思之声，于是我们用一颗广大的心欣赏雅与俗那不同形式的美。我们原本单一的生活因您的演奏顿时变成了富有韵致的动人乐章，一曲琴音和着一世清韵，流淌着清澈、灵气与节奏，回旋在时空之间，也流转在我们的心间。

体育老师，您说生命在于运动，生命不息，运动不止。您说人生便是长跑，赢的不是起点，而是拐点。您说，体育的魅力不仅仅是强身健体，更是打造强健的灵魂，以及相互间那种理解、友谊、团结和公平竞争的精神。于是，我们对“更高、更快、更强”有了新的理解，试着用运动作为慢速快门来曝光自己生命历程中的美。您站立在鲜红的塑胶跑道上，背影里凝聚着我们滚烫的目光。

美术老师，在您的视界里，世间无往而不美。您用红橙黄绿诉说着美丽的期许，细细着色，浓墨重彩，描摹出一卷卷芳华如虹的织锦。您用线条和阴影勾勒出变幻的光影，迹简意远地勾画出一个古韵幽香的梦境。您说“绘事后素”，这不正是培养品性的完美方式吗？您播下了美的种子，并留下一枚美丽而永恒的落款，瞬间点亮了我们的眼眸。于是，我们的内心变得澄澈，绿草如茵，繁花似锦。

信息老师，您是一个超链接，为我们的头脑链接上了多姿多彩的网络世界；您为我们打开了学习的主页，呈现着知识的饕餮大餐。我们如移动硬盘，因您的教导而不断充实、丰富。您敲击着键盘，在屏幕上不断变幻出新的精彩；您轻移着鼠标，为我们点出一个个新的世界。因为您，那一方小小的屏幕变成了一个美好的所在。我们不断点击您的界面，复制您的精彩，并粘贴到我们的心里。

老师啊，您是善的信使，美的旗帜。因为您，我们有了人生的标尺，也有了观照的镜子。我们期待与您一起描绘一幅有颜色、有动感、有温度的浪漫画卷，铺呈教育世界的大美。

培养有思想的人

有思想的人，才可能创造出精神上的伊甸园；有思想的人，才可能力量无边。

——题记

电影《无问西东》里有一幕令人印象至深。

英语和国文均为满分的吴岭澜，面对实科的“不列”，内心纠结彷徨，因为“最好的学生都在念实科”。面对吴岭澜“每天把自己交给书本，心里就觉得踏实”的茫然读书，时任教务长的梅贻琦缓缓开导，却直指内心。

“你还忽略了一件事，真实。人把自己置身于忙碌当中，有一种麻木的踏实，但丧失了真实。你的青春也不过只有这些日子。”

“什么是真实？”

“真实就是，你看到什么，听到什么，做什么，和谁在一起，有一种从心灵深处满溢出来的不懊悔也不羞耻的平和与喜悦。”

寥寥数语，却尽是点悟，如一盏明灯，瞬间点亮了吴岭澜迷茫的眼神。时空转换，已为人师的吴岭澜在战火纷飞中，继续在红土沟壑内给他的学生授课，教诲他的学生“不要放弃对生命的思索，对自己的真实”，从容、笃定。一如梅贻琦当年启发他一样，吴岭澜也不断地启迪他的学生——沈光耀们，传承着思想和精神的火种，照亮了一颗又一颗也曾迷茫的心。

教师在学生“只有这些日子”的宝贵青春里，如果能用自己的思想启迪学生的心智，点亮他们的心灯，唤醒他们的灵魂，那么，即便生逢乱世，身陷困境，也能创造出一个精神上的伊甸园。

教师之于学生精神成长的意义，在吴晗致他的老师胡适先生的信里得到了生动诠释。吴晗是这样描绘胡适先生的："夜黑人孤，骤然得着一颗天际明星，光耀所及，四面八方都是坦途。"

教育，就是一种思想启迪另一种思想、一个灵魂唤醒另一个灵魂的事业。"教育如果不能启发一个人的理想、希望和意志，单单强调学生的兴趣，那是舍本逐末的办法。"（蒋梦麟）没有思想或是失去思考力的孩子，在成长的道路上，存在着天然的缺陷。我们的教育，就是要通过种种努力，唤起学生的思考力，培养出一个个有思想的人。

一、教师自己应首先是一个思想者

思想，如同 X 光，能给自己一种透视人生的智慧和力量。思想之于人生，犹如地图之于旅人，不仅标明了各处的景致，也标明了目的地和此刻所处的位置。以思想做指引，能更清晰地看到目标和路径。一个人的思想，将影响他事业和人生的高度。思想贫瘠，可能幼稚一生；思想丰盈，才可能力量无边。

有思想的人，是精神觉醒的人，自觉求索，对人生、对世界有自己独到而系统的看法，知道自己从哪里来，现在何处，将去何方，从而活得清醒。

有思想的人，是内心坚定的人，恪守自己的人生观和世界观且并行不悖，有种"虽千万人吾往矣"的勇气。他们永远不孤独，哪怕只身一人。

有思想的人，是主动寻找光明的人，"黑夜给了我黑色的眼睛，我却用它寻找光明"（顾城），即便身处黑暗，也不失寻找光明的信心。

海塞说，思想和智慧是高尚的美德。对于担负传道授业解惑责任的教师来说，尤其如此。不可否认，教师丰富的思想是学生精神成长不可或缺的元素。正是因为有了思想极其丰富的苏格拉底，才有了智慧非凡的柏拉图，继而有了卓然独立的亚里士多德，然后有了雄才盖世的亚历山大。"智"，不但要有"知"，还得有"日"，要像太阳一样有温度、有光亮，尤其是心灵的温度和思想的光亮。

可以说，学生是教师的一面镜子，映射着教师的精神长相。教师如果思想羸弱，学生的心灵也会跟着孱弱；教师如果思想缺席，学生的精神就会“缺钙”。常常听到有老师宣称，培养出让自己自豪的学生是当老师最大的幸福，此话固然有道理，被学生超越，确乎也是教育的幸事，但如果是因为教师太孱弱而被轻易超越，那就是教育的悲哀了。

所以，要培养有思想的学生，教师自己应首先是一个乐于思考的人，在思考中涵养自身的智慧，做一个精神富足的人，拥有高远的眼光和博大的胸怀，并以自己生活的广度和学习的深度，带领学生学会思考。

做有思想的教师，阅读是最便捷、门槛又是最低的途径。阅读可以打开一个教师的教育视域，丰富他的文化底蕴。教师不能只阅读教育技巧类的书，还要亲近理论书籍，形而上者谓之道，没有理论的支撑和指引，是很难实现高位突破的。教师也不能只阅读教育专业类的书，而要广泛涉猎群书。如果教师阅读也有一个类似“恩格尔系数”的指标（专业书籍阅读量占总阅读量的比例），那么这个数值越高，教师的阅读层次就越低。一个没有阅读习惯的教师，他的教育人生可能会显得苍白；一个只满足于低阅读层次的教师，他的教育人生可能会显得无力。

做有思想的教师，还要不断优化自己的思维方式。教师的脑力劳动是教育活动中最有力的支撑，如果教师没有着力于脑力劳动，他就需要花成倍的时间去弥补，同时还会连累学生。美国哲学家安·兰德说：“有智慧的人的最高道义责任，便是保持其健全的大脑和完整的自尊。”有智慧的教育者，尤为如此。

做一个思想者，同时鼓励学生超越，并为此不断创造条件，这是教师莫大的善，也是教师无上的智。

二、培育独立精神

跟风从众，这是常见的现象。在教育领域，表现为一遇到问题就找标准答案，一遇到辩论就观点一边倒，没有追根究底，没有批判质疑，也没有创新揽奇。随大流固然可以减少一点儿孤独感，但也必然会失去自我。

独立精神，是基于个体的生命体验和思维方式，是在独立思考的基础上，融合他人思想，形成自己比较系统的观点。独立精神并不排斥他人，那种一味排斥的，是闭门造车；独立精神也不是杂糅一切，那种对各种观点甚至相左的观点都表示赞同的，是一团糨糊。有独立精神的人，会用自己的眼睛观察，用自己的大脑思考，且言行相顾，慎终犹始。

教育的意义是帮助学生做自己，倘若一个人在他的受教育阶段就能培育起独立精神，那么他今后步入社会后便能过得自主而自由。须知这样的精神一旦确立，就不容易因为时间的流逝而流失，也不会因为环境的改换而改变。

培育学生的独立精神，要引导他们进行独立思考。

教师要让学生认识到，别人的观点和意见固然值得参考，但在那些信息进入大脑时，一定要做一番思考和甄别，这样才不会被别人的观点所左右。通过自己的思考，哪怕最后只是一知半解，也比人云亦云或者简单地知道答案要有意义得多。爱因斯坦说：“学会独立思考和独立判断比获得知识更重要。不下决心培养思考习惯的人，便失去了生活的最大乐趣。”

教师还要经常给学生制造思维上的麻烦。只有经得住思考的“阵痛”，才能产生富有力量的思想。如果没有经历过深入的甚至是痛苦的思考，并在思考过的地方生出自己的思想来，学生是很难真正体会到学习的乐趣的。

培育学生的独立精神，要引导他们树立批判意识。

要鼓励学生发出自己的声音，不惧争论，因为“一场争论可能是两个心灵之间的捷径”（纪伯伦）。无论在科学领域还是在思想领域，“天才”总是比一般人更具有批判意识，哥白尼、牛顿、伏尔泰、孟德斯鸠……莫不如此。

由此，我们要教导孩子在遇到问题之后，首先尝试独立思考，用全新的角度看待自己遇到的问题；其次在原有的思维方式与新的思维方式之间制造碰撞，在矛盾中引发深度思考；最后，用一种旁观者的眼光看待这个进程和进程中的自己，从而使自己的审视更全面、更客观。

培育学生的独立精神，要鼓励他们大胆提问。

把有问题教得没问题，只是培养“考”生；把没问题教得有问题，才是培养“学”生。直接告诉学生答案的，是一种“寄生的教育”，无法培养出学生完整的品性和健全的大脑。教育中，要鼓励学生提问，当学生敢于提问时，教育就成功了一半。

鼓励学生提出问题，然后围绕问题让他们自行寻找资料，教师适时补充，并制造相冲突的观点，让学生做出自己的判断并说明理由，而不是直接给他们提供答案。在一次次的观点碰撞和淬火中，去掉杂质，留取精华。这个过程中，最重要的是学生要能说出自己的理由，且遵循逻辑与事实，至于答案，反倒不是最重要的。

拥有独立精神的人，思想不会蜗居，会拥有辽阔的宇宙；拥有独立精神的人，会坚守自己的价值且并行不悖，面对诱惑能坚守良知，面对纷杂能保持清醒。

三、提供自由的土壤

在生物化学领域有突出贡献的邹承鲁院士，曾是西南联大的学生。有记者问他：为什么西南联大当时条件那么差，却培养出了如此多的人才？他的回答就两个字：自由。

生活经验告诉我们，只有在自由的环境里，生命才能充分生长。山林里的花，根系舒展，所以生命力旺盛；而瓶钵中的花，其根不植，枯萎是指日的事。

人，特别是儿童，更需要自由的环境来保证其成长。只有在自由的环境里，人的思维才会飞扬，灵感才会迸发，创意和惊奇才会潜滋暗长。自由成长的孩子，往往表现得更独立、更自主，也往往会拥有更多的自信，能更高层面地看待问题。

教师要相信孩子内在的成长需求和能力，并为他们提供自由的土壤，从而让他们跳出狭小的空间，走进一个广阔的世界，调动自己的感官与知觉，去认识世界的多彩、社会的多样性和人的无限可能性。如此，他们才会自主生长，走自己想走的路。

给孩子留出一段自由的时间。

西方有句谚语，“闲暇出智慧”。身心一旦安然闲适，人便容易滋养出大气和从容。世界上许多伟大的发明创造，都是那些处于闲暇中的人成就的。没有闲暇，自由就失去了基础，人就无法接触到美好的事物。闲暇不等于空闲，空闲可能是无所事事，可能会迷失方向，而闲暇却能让精神在场，让灵性得到滋养。因此，我们的教育应给孩子留出足够的时间，让他们有闲暇的机会，去接触美好的事物。

让学生有时间与大自然相处。在大自然里，可以聆听生命开花的声音，可以探知灵性的消息，可以得到智慧的启迪。“思想存在于河川、海洋、丘陵和森林、日光和天然的风之中。”（杰弗利斯）可以赤脚走在大地上，感知大地的温度，思考大地之于自己的意义；可以去看一看蛙卵到蝌蚪的发育过程，感知生命的神奇；可以玩泥巴、播种、采野花、抓蚂蚱……这些，都是能滋生灵感和创意的事。

让学生有时间与自己相处。看看书，打打球，或是做一些只有这个年龄才会做的梦。善于独处的人，能在安静中找到力量，安于寂寞并使之具有生产力；善于独处的人，能在沉寂的内心宇宙里，与自己的心灵对话，找到一种内在的自足；善于独处的人，会真诚而清醒地自省，并能思考自己与他人、与这个世界的关系，活得深刻。龙应台说：“要真正的注视，必须一个人走路。一个人走路，才是你和风景之间的单独私会。”诚不谬哉！

给孩子创造一片自由的空间。

带领学生走进社会，打开社会的大门。了解真实的社会，才能真正耳聪目明。见识的高度决定人生的高度，而见识来自阅历，来自真实生活中的体验。要舍得让学生经受面对真实世界时的纠结、焦虑和彷徨，还要舍得让他们经受在真实环境里的碰壁、摔跤和迷茫。诗人雪莱说过：“如果你过分地珍爱自己的羽毛，不使它受一点损伤，那么你将失去两只翅膀，永远不再能够凌空飞翔。”

这是一种深度打开，而不是走马观花。在这个过程中，学生渐渐地学会了自己思考，学会了勇敢地追问人生的意义，学会了做社会进步的参与者和推动者，而不是旁观者。他们愿意遵循一定的价值标准，肩负起社会责任，对社会心怀眷恋和悲悯。这样成长起来的人，今后才可能成为成熟的公民，而不是“精致的利己主义者”。对他们来说，社会是一本更加丰厚的教科书，即如陶行知主张的，“社会即学校”。

营造一个自由的环境，让创意和惊奇不断涌现，是一个教师在智育方面能做的极具价值的事。

四、指导阅读，知道“光”在哪里

有人说，如果有天堂，那应该是图书馆的模样。人类最伟大的智慧，往往是通过书籍得以流传的，阅读，能滋养出精神上的万千气象。离开了阅读，精神就显得无彩，思想就容易“迷路”。充实而有意义的人生，应该始终伴随着阅读。

不阅读，是憾事；只阅读不思考，也是一种憾事。阅读是为了促进思考，而不是为了成为别人思想的跑马场。“学而不思则罔，思而不学则殆”，学习和思考是一个相长的过程，互为条件，也互为结果。知识只有在促进思考时才有意义。

为了营造阅读氛围，我每次接班后都会购置一批书，让孩子们轮换着阅读，然后签上自己的名字，待到毕业，每人挑走自己喜欢的一本，权当是一份小小的纪念品。礼物虽小，但有它的精神格局，至少曾在三年时间里为孩子们提供过心灵的栖居之地。

我时常将那些带有精神成长意义的物品当奖品。有时是书籍，我告诉孩子们读书是为了让自己更有精气神，并在书的扉页为它的新主人量身定制写上几行寄语；有时是书券，我让学生为自己的智慧“充值”，既传递了知识，又传递了感情，更传递了一种品质；有时是书签，我会在背面写上一句自创的格言或祝福语，既实用又让学生受用；有时是登载我文章的杂志，我会在上面留个签名或是赠送一句话。

我还经常在班级里开展读书沙龙活动，并邀请名家前来指导，在对话中不断提高学生的认识。比如全班同学在阅读《水浒传》之后，我邀请了浙江省三国、水浒研究学会的会长马成生教授前来做专题讲解；成长仪式那天，为了赋予成长以更丰富的内涵，我邀请了家有优秀双胞胎的池沙洲编辑前来给家长和孩子们做亲子共读的指导。

孩子们说，这一系列的活动犹如为他们打开了一扇又一扇的窗户，让他们不断看到了窗外的美丽风景。他们还说，宗白华、泰戈尔、爱因斯坦等伟大人物曾相继在自己的心灵天空中出现过，在他们的精神人格上留下了不可磨灭的印记。

在此基础上，我引导他们根据名家的指点和自身的感悟，不断交流和总结，提炼出高品质阅读的方法，并用这些方法提升自己的阅读质量，保持阅读热情。以下便是他们提炼的方法。

一是要读有质感的书。不能仅仅满足于阅读实用性书籍，应多读一点儿大浪淘沙后的优秀作品。这样的书对我们的审美追求有种奇异的启示。

二是要兼顾泛读和精读。不能博就不能约，先博学而后守约；“鲸吞”“牛嚼”两相顾，才是阅读之道。那些有质感的书至少要读两遍，第一遍粗读，着眼于全书的主旨和特色；第二遍精读，细细咀嚼，内化为一种精神的原动力，让一生受用。

三是要有计划和体系。阅读不能停留于兴趣，如果只满足于阅读带来的快感，即便能保持兴致，也是浅尝辄止，就像打游击一般，精神上会到处漂泊，没有归宿。只有列计划、成体系，才能让阅读成为一种训练，才能使之持续而精专。

四是要做归类和整理。每每有所得，就按照物以类聚的原则，把它归到性质相近的体系里，这样就能让零散的内容形成系统。系统的知识，才会生根，才有可能结果，那种零散的知识，不但容易忘，而且多半无用。

五是要勤思考、勤写作。思考，不但可以帮助记忆，还能让自己更专注，并产生自己的想法，虽然未必高深，但聊胜于无。把产生的想法凝华成文字，就是写作。写作是为了检验事物的深度，也是为了了解自身的深度。

有了这些方法做指引，基本就可以进行阅读的“长征”了，可以自行去寻找和发现世界的奇妙了。

培养有思想的人，是一个养育的过程，需要时间去磨砺，短期内难出成效，也许要多年之后，其中的意义才有可能显现。事实上，我们并非要培养出思想有大成的人，但我们的学生一定要有思考的能力。他们越是深入思考，学习的趣味便会越多，就像倒吃甘蔗，越往下吃才越有甜味。

教育，当培养思想深邃且心灵纯粹的人，倘能如此，我们的校园便是一个启蒙之所和智慧之源。

让教室成为一个诗意的所在

理想的教室，应是一本立体的教科书，是一个诗意的所在。这里，一切皆美。

——题记

森林里，有高大的乔木，有低矮的灌木，也有各种各样的藤蔓和花草，每一种植物都努力向上生长，也尽情绽放自己。正是这样的参差多态，森林才显得生机勃勃，活力无边；反过来讲，如果森林青翠葱茏，气候清新宜人，那么生长在其中的植物也会欣欣向荣，绿意盎然。

教室，便是由一个个孩子组成的“森林”，这个无形的“森林”，对其中每个人都进行着无痕的濡染。美国诗人惠特曼曾言：“有那么一个孩子每天出得门来 / 他看见的第一件东西，他就成了那件东西 / 而那件东西就在这一天或在这一天的某段时间里成了他的一部分 / 或者持续了许多年或长达好几个周年。”作为孩子们最重要的“生长”场所，教室该呈现给他们怎样的最初的东西？如果要给出一个确切的答案，我希望是诗意。

一、从看得见的“美”开始

德国大众公司推出了一款音乐楼梯，并率先安装在瑞典首都斯德哥尔摩的地铁站。新颖的音乐楼梯被设计成一个巨大的钢琴键盘，每走上一级阶梯就会产生一个乐符。自从推出音乐楼梯后，不少本喜欢乘电梯的人都选择了爬楼梯，通过上下楼梯来感受音乐所带来的美妙。调查发现，选择爬楼梯的人比乘电梯的人多了 66%。有些人还把自己上下楼梯的视频上传到网上，以展示自己创作的乐曲。

环境，有一种力量，能在潜移默化中影响甚至改变一个人。人的修养与情怀一定与他身处的环境有关，须知素养是被熏陶而非训练出来的。

美的环境，一定是以干净作底子的。干净，永远是美的第一要素。所以，打造美的教室，要从干净开始。

每次带班之初，我都会开设以“追慕美好”为主题的系列班会课，其中在“学会做事”一课中，我与孩子们约定，每做一事，必做到自己力所能及的极致。比如扫地，不只保证地面干净，踢脚线处、电脑桌下这些细微处也要见精神。一段时间后，孩子们对待卫生工作如同对待一项神圣的事业。他们扫地都能扫出一个天地，扫完地后不只对齐桌椅、理齐工具，还不忘将垃圾筒里里外外洗一遍。

有人说，走进这个教室，感觉连空气都清新了许多，人会莫名地庄重起来，不好意思乱扔垃圾，不好意思讲脏话。环境，确乎对人有种不着痕迹的暗示、熏习和濡染作用。美的环境，可以让身处其中的人更具创造力和人文修养。

器物之上，附以文化，给单纯的物品添加一些价值，物品便会具有某种精神。教室里，每一件物品是否洁净、摆放在什么位置、维护情况如何，都可以折射出这个教室中人的品格。一个叫序凡的女孩，为班级购置了七彩抹布，红橙黄绿青蓝紫，如一道彩虹，给教室增添了一道亮丽的色彩。让人更加感慨的是，她每周五都将抹布带回家，洗净、晾干，再在周一带回。眼里有物格的人，人格才完整，对物的爱护，本质上是对人的体恤与呵护。

绘事后素，在干净的底子上，我与孩子们一起，一点点地装点着天地。虽然不能过于强调形式，但形式自有其不可忽视的价值，有些时候，形式本身就是内容。棘子成曰：“君子质而已矣，何以文为？”子贡曰：“文犹质也，质犹文也。虎豹之鞟犹犬羊之鞟。”文饰同本质一样重要，如果去掉不同花色的毛，虎豹的皮和犬羊的皮就没什么区别了。

装饰不徒是形式，还应是形式和内容的统一。形式中的颜色、质地和格调，能体现物品的审美、情感和价值。同样一盘酸菜，放在普通碟子里和放在青花瓷碗里，味道仿佛相去甚远。教室的装点，既要形式上的赏心悦目，更要质地上的晶莹剔透，从而表现出师生丰富而深刻的精神生活。

我的班级创造性地设置了“星光灿烂”项目，确定了尽责、劳动、服务、两操、进步等20项“星星”，每月一评，隆重地贴上获奖者的照片，并为其量身定制“颁奖词”，使之成为班级里的月度精神史诗。

于是，一位名叫涛涛的男孩为了争取“劳动之星”，可谓铆足了劲儿：每次倒完垃圾，都将垃圾筒里里外外洗一遍；特意将背投下面那堆杂乱的电线理齐并扎好，以方便同学打扫；每次课间都像巡逻队员那样在教室里环走，看到垃圾就捡起……涛涛通过不断“零存”，最终可以“整取”了，如愿当选为“劳动之星”，并获得了这样一份颁奖词：“垃圾都不敢看到他，他简直就是卫生获赞专业户。如果他的个人卫生也能这样收拾，那就更加无可挑剔了。”委婉诙谐的颁奖词，以奖为主线，以励为目标，一步步指引涛涛向更美好的方向进发。

由于“星光灿烂”是每月一评，因此许多“星星”都被后继者“更新”了。为了不让那份灿烂转瞬即逝，班级又设置了“成长足迹”，凡有荣誉斩获，或是奖项获得，都将被一一记载其中。这样，每个同学的辉煌都被源源不断地载入他的个人“史册”，每一项内容都折射出他们内心渴望成长的光芒。

无论是“星光灿烂”还是“成长足迹”，都体现了过程性，储存了学生成长的点滴，因此产生了催人奋进的效应。由于其整体色调清新、活泼，又为班级文化增添了一抹亮色。

孩子们越来越多地成长在我的关注目光之外，在一些不易为人所见的地方，而这恰恰是他们的可贵之处。还是以涛涛为例：无论是在校园内还是在马路上，看到垃圾他就会拣起；每次大扫除，总能见到他拿着钢丝球和铲子清除包干区，而这并不是他的本职工作。就这样，涛涛不断地为自己“充值”，榜上的内容也越发丰富起来，这反过来又进一步激发了他的热情……

我的班级还匠心独运地把教室走廊外墙开辟为“班级乐章”，这条长600cm、高90cm的“乐章”分人物、作品、学科、趣闻、时事、活动等六个篇章，每周一换，既是知识的超市，更是班级成员的个人展区。

尤其是“人物篇”，所有科任教师、全体学生，乃至部分家长，都会成为其上的主角。每期只展一位，不仅有来自班级成员的寄语和评语，更有自己的作品和照片，绝对是一部反映个人精神成长的专题大片。在这部大片里，“这一个”孩子是唯一的主角。因为每个人都会拥有一期这样的专栏，所以孩子们都会为了获得更多的好评而努力展示自己。他们认真描述别人，也被别人认真描述，可谓爱出者爱返，福往者福来。那些来自同伴的评价如同“多巴胺”那样，在孩子们的内心发酵出神奇、美妙的质素。一学生说：“感觉我们每个人都是上面的主角，一期一期地盛放在墙壁的‘荧幕’上。”

给学生一个舞台，让他们流光溢彩，这一方小小的天地，便会因为融入了浓浓的人文关怀而大大升值。而学生也必将用心经营这一方天地，呈现出一个精彩的自己。于是，我们看到，每期的“班级乐章”都会聚集大量人气。形式活泼、内容丰富，不但构成了一幅幅鸿篇巨制，更像是一曲曲飘在空中的轻音乐，幻化出诗意和美感，表现了一个艺术化的时空境界。有孩子说，这份“乐章”会永远奏响在他们的心里，成为他们人生历程中的动人传唱。

一个诗意的教室不仅要有书香，还要有花香，于是我每周都会在讲台上放一束鲜花，让孩子们的学习和生活多一种芳香。孩子们则购置了花架，捐赠了花盆，并精心侍弄。其实这也是一种驯养方式，可以从中培养出他们我之于物的情感，也能让他们理解物之于我的意义。

班级还购置了一套精巧的组合书柜，占据空间小，利用率却极高，并饰以西式窗户、壁挂绿植等，加上两张小沙发和一个小茶几，如同一个迷你咖啡屋，将本是放置卫生工具的普通角落瞬间装点得诗意盎然。孩子们还特意为它取了个名字，叫“悠斋”，既是悠哉之谐音，又意味着心灵悠游之所。他们感叹道：“真是风景这边独好啊！”

最妙的是，他们每天还在西式窗户底版的黑板上书写一句自创的格言。这个小小的角落，让孩子们的心灵有了栖息之地，在一个个具体的片刻，安放他们的身心，融入他们的记忆。

…………

这些装点已经不仅仅是一种形式，更是一种无声的教育。就这样，教室里到处都是画布，都是美的起点。每一个细节都有着动人的出场方式，都能流淌出质感，对心灵进行净化和催化。其实，教育之中，美的资源无处不在，只是如何发现和利用，需要教师的一颗诗心，以及一颗匠心。

教室不只是一个空间，还应是一个诗意的所在，充满美感与质感。美感赋予质感以形象和生命，质感又给予美感以深度和灵魂。没有美感，再丰富的内容也会减损它的表现力；没有质感，再美的形式也“不过是一件借来的外套，一种暂时的伪装”。

二、“文”而“化”人

每个人都身处一定的环境之中，受环境影响，同时也影响着环境。人创造环境，同样，环境也塑造人。

为了与那件高品质的睡袍相匹配，狄德罗先后更新了一系列家具，让整个书房看起来焕然一新，这就是“配套效应”。推而广之，人的行为与其所处的环境也会产生这样的“配套效应”。当我们身处一种高雅的环境中时，我们会下意识地调节自身的行为，以塑造一个良好的自我形象，从而与当下的环境相适应。

作为形塑孩子精神和气质的关键元素，教室更是发挥着这种“配套效应”。如果教室散发的是浪漫、温馨、和谐的气息，那么身处其中的人也会相应表现得阳光、温情、有涵养。所以，当我们与孩子们一起打造一间高品质的教室时，我们事实上也在悄无声息地塑造着他们的精神和气质。

行远必自迩，登高必自卑，为了打造一件高品质的“睡袍”，我和我的学生们从大处着眼，又从小处着手，一步一个脚印，持续走向高格。

我组织全班同学自由表达：你希望生活在一个怎样的环境里？经过半个多小时几近争吵的热烈讨论，大家渐渐地把目光聚焦在“诚”“博”“雅”

等几个字上，但终究还是定夺不下。我顺水推舟，将当天的作业布置为继续思考班级的核心目标。

孩子们回家后忙开了，有的查询各名校的校训，有的翻找字典，有的找父母商讨，把这个问题推向了深处。第二天，他们迫不及待地诉说着自己的发现和感悟。有的说，他们发现中国高校的校训多出自传统典籍，而西方高校校训中“真理”“独立”是高频词；有的说，他们突然间对中国传统文化产生了兴趣，越是咀嚼越觉得有味道，可见能闪耀几千年的传统文化有多强大的生命力；有的说，第一次这么用心地去关注校训、班训，终于明白那些个字不是装点，而是一个集体的灵魂，以至今天进校门时特意留意了一下校门口的校训。

经过这样的层层铺垫和深度思考，大家的想法渐渐成熟，不再停留在简单的直觉上，而是走向了理性思考。最终，全班同学把班级核心目标定格为一个字——雅。这个字也成了班级的第一件高品质“睡袍”，清晰而高位，既是班级的精神符号，也是班级的灵魂。

“雅”是无法灌输的，它需要在具体的环境中渐进生长。我继续引导，“雅”不是空洞的口号和外在的标签，而应根植于现实的土壤，有赖于实践的智慧。那么如何让它落实于具体行动？同学们继续热烈讨论。在讨论中，他们不断挖掘“雅”字的具体含义，从知书达礼的外在行为，到更深层次的精神内涵；从礼貌到礼节，进而到德性的生成。这个讨论的过程，也是价值共识达成的过程。我把独立思考、自由表达的机会还给学生，因为这种机会的重要性远远超过结论本身。

经过深度讨论，班级最后形成了全体成员都须共同遵守的公约。这份公约成了师生共同的愿景和坚守的信条，根植于每个人的内心，并成为大家协力奋进的方向。

尤其让人赞叹的是，学生们还设计了一棵树，只有枝干，然后每个人郑重地在上面按下了自己的指印。鲜红的指印衬在枝干上，宛如开在其上的花，浪漫、唯美。更为重要的是，指印代表着承诺，象征着契约。这样，这份公约不但有着优美的形式，更有着丰富的内容，美感和质感相得益彰。

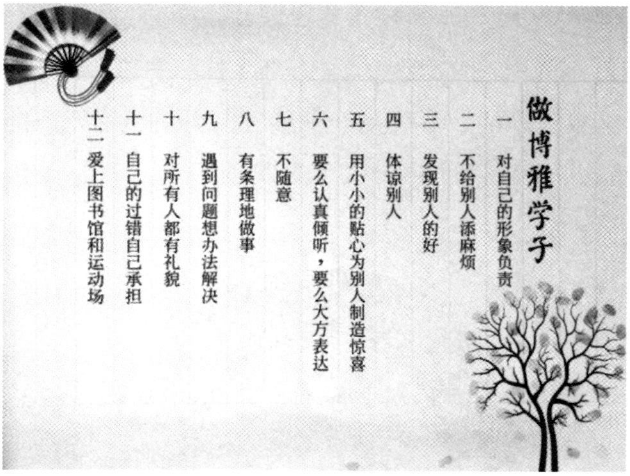

做博雅学子——我们班的班级公约

人的行为源于其价值观，从知道“该做什么”到深刻理解“为什么这样做”，从“行为养成”走向“价值追寻”，只有经历过这样的过程，观念才能生根，行为才能落实，否则，价值观永远只是抽象的概念，只能被迫遵从，久而久之，孩子就会形成一种依附性人格，而丧失其独立性。

班级接下来还讨论如何让抽象的班魂以可感的形式体现出来，班徽无疑是最好的载体。这同样需要汇聚全班同学的智慧。于是我给每位同学分发了便笺纸，让大家开动脑筋设计，然后从中评选出最佳作品。

对于班徽的设计，大家一致认为要体现出班级的整体内涵和追求，而不能局限于点滴和局部；要注重“音”“形”“意”的结合；既要富有班级特色，又要精美大方，还要寓意丰富。

每个人都希望自己的作品能获选，因此大家全力以赴。有的上网搜索寻找灵感，有的拉上父母寻求智力援助。到了评选阶段，每件作品都被展示在“班级乐章”上，既是参选又是展览，并成了一道独特的风景。

经过几番激烈角逐，最终评选出的作品（见下页）由“一”“八”“九”三个中文字变化而成，代表“18 级 9 班”。主体呈红色，像一个前行的人，又像一团热情的火，代表追求和力量，而火的形与色又象征着活力和信念。下部是蓝色的“之”字形，既代表之江，象征杭州，又像一条弯曲的道路，还像一个“3”字，预示着大家将携手走过曲折而丰富的三年。红蓝两种色彩，既活泼又理性，契合“博雅”的班级追求和核心精神。这个过程和结果体现的，不只是一种形式，更是一种无声的教育，一种做什么事情都要力求完美、精益求精的教育。

从班级目标的提出，到创意的征集，到集思广益成型，到最终成品置于教室……整个过程本身就是班级文化——平等、参与及创新精神的形成过程。

接下来我们讨论的是班级应有的精神表征，即班训。班训，一旦成为班集体的精神，久而久之，就会自然而然地内化为班风。班风与班训不是一码事，前者为实然之风，后者为应然之风，即着意建树之风。着意建树的班训一旦成了实然的班风，则整个班级将拥有莫大的、无形的教育力量，可谓“文”而“化”人。

班训不是写在墙上的，而是写在教室里每一个人的心中的。植入人心的班训，必须是从班级发展过程中生长和沉淀下来的，任何简单附会、移植拷贝的做法都只是抹了一点儿油彩，无法产生力量。为此，我和学生们在查询、汇总一些经典名言的基础上，经过反复商讨，最终将陈寅恪先生的“独立之精神，自由之思想”定为班训，并将“学会做人——做一个善良、丰富、高贵的人”和“学会做事——做到自己力所能及的极致”定为班级的行为准则。

孟子曰“充实之谓美”，美是丰富的生命附丽在和谐的形式中，在和谐的秩序里回旋着张力，满而不溢，有一种无声的净化力量。一间诗意的教室，必定流淌着这样的美，并让身处其中的每个人都感受到自己的价值和力量，对未来充满期盼和向往。

三、和谐的关系才是最大的诗意

教室的品位，不只由可见的物来呈现，更由身处其中的人来体现。人，是活的班级文化。尤其人与人之间的关系，才是考量一个教室品质的终极指标，也是考量幸福指数的最重要参数。和则美，教室最大的美在于一种协调，一种和声。

童话《小王子》中，小王子爱上了那朵玫瑰，悉心呵护她。等他来到地球时，他才发现，那只是一朵普通的花。小王子一开始也曾伤心过，但最后他明白了，尽管世界上有无数朵玫瑰花，但他的那朵，他用心浇灌过，除过她身上的毛虫，倾听过她的怨艾，聆听过她的自诩，读懂过她的沉默。一句话，他驯服了她，她也驯服了他，她是他独一无二的玫瑰。“正因为你为你的玫瑰花费了时间，这才使你的玫瑰变得如此重要。”一只被小王子驯服的狐狸一语道破。

关系的美，在于彼此的投入程度和被驯服的程度。当双方全心全意地去投入，自然而然地被驯服时，彼此的关系就会变成人生养料，会让生命变得充盈而美好。

教室里，最重要的，当然是师生关系。师生之间，无须用“感恩”做道德上的外在束缚，也无须用“责任”做义务上的外在强求，两者应是相互信赖、彼此成全的关系。

除了经营好自己与学生的关系，我还会为营建学生和科任教师之间的良好关系而努力不止：积极宣传科任教师，让他们闪亮登场，并在微信朋友圈里不断“爆料”，突出他们的好；在师生共同活动时，不断给学生透露“某某老师唱歌可厉害了”“某某老师会跳拉丁舞呢”“某某老师会作诗呢”等信息，并“煽风点火”，让科任教师不断被“推”出来，展示他们的拿手好戏；率先垂范，做尊师重教的无声榜样，比如，利用节日问候自己当年的老师……凡此种种，都是为了建立良好的师生关系。因为师生关系一旦得到良性发展，教育也就成功了一半。

我会为学生营建良好的同伴关系而不懈努力：鼓励学生不断去“发现”和“看见”同伴的种种闪光点；引导他们用小小的贴心给同伴一份惊喜；组织他们每周进行一次“本周我最感谢谁”“本周我最佩服谁”的活动，并当场隆重宣读，让他们享受同伴的目光和掌声；在有些活动结束后，特意留出一段时间让他们细说同伴之间的种种暖人瞬间。

以运动会中的占欣宇同学为例，这个为了让入场式达到最佳效果而认真训练，脚上磨出了水泡蹭掉了一大块皮的大男孩，愣是咬牙坚持到入场式结束。面对校医给出的停止参赛的建议，这个坚忍的大男孩默默地流泪，满是不舍与不甘，即便如此，他依然不忘为同伴加油，直到声音嘶哑。事后，他写下了期间的点点滴滴。

- 占琪的喉咙自始至终都是哑的。
- 我在哭泣的时候，明显感到我的背被不同的手安抚过，但他们都没有说话。
- 占琪怕我走楼梯太困难，一直都是背着我上下楼的，他成了我的双脚。
- 为了实现我给同学加油的心愿，几个同学冒着被郑老师“骂”的危险护送我去场地。
- 余凯文走在我前面，并把椅子推到了安全的地方。
- 运动会入场式前排练的间隙，一瓶水从第一排传到我们最后一排时还剩下 1/6，黄单德说了句“你先喝”。
- 詹雨蝶跑完 1500 米后回到教室，趴在桌上睡着了，同学们回教室后都相互提醒，轻手轻脚，怕吵醒她。
- 每当有项目快要开始时，周昊都会跑来跑去一个个地通知运动员，提醒他们注意时间。

太多看似平凡的细节都被看在眼里，并被一一定格、特写，复原成珍贵的纪录片。经过这种细水长流式的洗练，孩子们的双眼越来越明亮，越来越善于用心灵的相机捕捉生活中的真善美。

我自己也努力经营好自己与同事之间的关系：邀请科任教师参与班级活动，师生同在活动中乐开怀，同时悄无声息地增进彼此间的情谊；记住科任教师的生日并为他们举行一个小小的仪式，让他们的教育生活如蛋糕般甜美；统筹协调，让科任教师有预见性地安排工作；利用自己在学生中的影响力和号召力，不动声色为科任教师树威信；在科任教师有困难需要帮助时，及时施以援手，让他们多一分力量感……都是一点儿小用心，但必定会因此得到他们的全力配合与支持，也必定会因此建立起相互扶持、相互增益的同事关系。

我还为班级同学和他们父母之间的亲子关系而全力付出：利用母亲节、父亲节、感恩节、儿童节等节日，精心设计活动，增进家庭感情；搭建平台，让家长们“露一手”，并特意为爸爸妈妈们保留了“我老爸（妈）最棒”的节目，让他们展示各自的绝活，从而既增进亲子情意，又让平凡无奇的教育生活生动起来；指导家长，帮助家长有效与孩子沟通……

构建各种良好的关系，靠的不是技巧，更不是圆滑，而是发自内心的对他人的尊重、关怀和欣赏，只有这样，才能在电光石火之间产生情感的“化学”反应。这是教育的智慧，更是教育的远见。

一间诗意的教室，是师生共同向往的乐园：它是有序的，有着节奏之美；它是自由的，有着创造之美；它是浪漫的，有着诗意之美。它既是学生成长的沃土，也是教师成长的福祉。

规则，更应是一份成长的契约

规则，不应局限于行为的养成，而更应着眼于价值的追寻；不应束缚于外部的规训，而更应着力于内在的需求。

——题记

管理学上，有一个小故事广为人知。

有七个人，每餐共享一锅粥，因人多粥少，所以大家总是互相争抢，彼此抱怨。为能公平分粥，又免于争吵，他们想了各种办法。

开始，他们通过抓阄定出一个人来分粥，但很快发现，谁主持分粥谁就给自己分得最多。

于是，他们改变了一下规则，由抓阄改为推选，选出一个品德尚属上乘的人来分粥。开始，这个人的确分得公平，但没过多久，他开始为自己及身边那些阿谀奉承的人分得越来越多。

这一次，他们组建了一个分粥委员会和一个监督委员会，可是由于监督委员会常提出多种议案，分粥委员会又据理力争，最后大家相互扯皮，效率极其低下，粥吃到嘴里都是凉的了。

接下来，他们改为轮流制，每人主持一天，一周刚好一轮，人人参与，机会均等。但事实发现，每个人在一周内只有一天能吃饱，就是他本人主持分粥的那一天。

最后，他们为这一规则加了一个条件，谁主持分粥谁就最后一个领取。大家惊讶地发现，此后，每餐的粥都一样多，如同天平称量过那样。因为，如果分得不均，他本人无疑将享用那最少的一碗。

此后，七个人公平地分粥，而且其乐融融。

不同的规则催生出不同的道德行为，并产生不同的结果，这就是规则的力量。

一个集体的良性发展必定建立在有序的基础之上，而有序仰仗规则。班级的发展也不例外。离开了合理的规则，班集体建设将无从谈起。

一、没有规则是一种缺失，规则不合理是另一种缺失

在班级管理中，老师们都不怀疑规则之于班级的意义，都会重视规则的力量，鲜有班级是无规则的放任和散漫。但我们常常见到，许多班级规则，无论是制定还是执行，都有失偏颇，导致实效不尽如人意。班级没有规则，固然是一种缺失；有了规则但不合理，则是另一种缺失。

时下最常见到的走样的班级规则，是班主任在班级建设伊始便出台的自己精心炮制的各种“土政策”。

曾听一位知名班主任介绍经验，只见她拿出厚厚的一刀打印纸，说这是她在自己历届带班基础上精心修改而成、用于新一届的班规。听课老师纷纷赞叹该老师的敬业、用心和智慧，纷纷上前讨要资料。

班级还未组建，便浓墨重彩地铺陈出如此鸿篇巨制，这真的是班级管理该行走的方向吗？这种方式看似在用规则进行管理，在实行“法治”，实则不过是教师意志的改头换面，是“人治”。

教师单方面制定规则，会阻碍师生之间信赖关系的建立，容易让学生产生对立情绪，形成提防心理，这将大大提高师生交往的成本。何况，再细密的规则，学生也能很快发现其中的漏洞，会不断试探你的容忍度，挑战你的执行力。更为重要的是，学生被要求“这样做”，但不知道“为什么”这样做，没有理解其中的意义就被迫遵从，不明白背后的价值而被迫执行，这样的规则只能算是外部的规训，所谓的制度也不过是抽象的概念。

人是自我选择的产物，在人性的深处，有着对自由和尊严的追求，也有着主动行使选择权并对其负责的渴望。但我们的学生，往往身处“被选择”的境地——被选择课程，被选择规则，乃至被选择未来。长此以往，他们必将缺失独立之人格，丧失自由之精神。

杨振宁先生曾说：“让学生站在问题开始的地方，要面对原始的问

题。”问题开始的地方就是问题的本和原。教育的“本”是什么？它的“原”又在哪里？这些根本性的问题，其答案只能在教育的哲学层面去追寻。而要做到这一点，则有赖于教师批判意识的觉醒和反思能力的提高，取决于教师对问题的思考深度。

教育的原点是“育人”，教育的旨归是“成人”。本着人的天性，唤起学生对人性中美的质素的渴慕和期待，实现自我发展、自我完善、自我超越，这是教育的“本”，也是教育的“原”。

规则，其深层意义在于帮助人自我约束、自我完善，成为更好的自己，同时过一种和谐而有序的美好生活。“没有自由的秩序和没有秩序的自由，同样具有破坏性。”（西奥多·罗斯福）

深刻理解了规则之于人、之于生活的意义，便会为了更美好的生活而自觉去遵守和完善规则。作为育人手段的班级规则，其本质和意义亦如此。

二、我们这样制订规则

从接班之始，我便着手开设以“追慕美好”为主题的系列班会课，分“这是我们的船”“学会做人——做一个善良、丰富、高贵的人”“学会做事——做到自己力所能及的极致”等篇章，其核心是思考和讨论以下两类问题。

1. 思考“我是谁”“现在的我是怎样的”（我从哪里来）、“我想成为怎样的人”（我将去哪里）等问题。

2. 讨论“我们需要哪些规则”（知其然）、“为什么需要这些规则”（知其所以然）、“还有没有更合适的规则”（知其所尽然）等话题。

如此让学生由表及里、由浅入深地思考和讨论，并不断将之推进到更高层次。

在第一堂班会课《这是我们的船》中，我们一起思考用核心字或词或句子来概括自己所希望的生活环境。经过半小时的激烈讨论，加上回家后的继续深入思考，最终，越来越多的同学认同“雅”这个字，这个字也成了班级的精神内核乃至文化图腾。

同时，我们也对什么是“雅”进行了深入的讨论。同学们渐渐发现，“雅”不是一味沉静、一味柔和，而是活泼与沉静兼备，力量与柔和相顾，是野性与高贵的统一。

最后，师生们还对照刚刚理解的“雅”做了一次深刻的自我反思。这一过程，让他们因看到自己的局限而保持清醒，也让他们因看到自己的力量而保持自信。他们说，塑造自己，这个过程可能会痛，但能收获一个更好的自己。他们还说，有个成语叫乐此不疲，如果内在愿望特别强烈，人是感觉不到痛和苦的。这样的认识，颇具深度。

在后继的系列班会课里，我们继续深入讨论，让“雅”真正得以落地生根。我还特意设计了“对不讲礼貌的人需不需要讲礼貌”等两难问题，让学生陈述自己的观点和理由。这样做，不仅是让学生认识一个事实世界，更是指引他们进入一个富有个性的意义世界；不是对是非对错进行简单的判断，而是借助现实世界的具体问题澄清认识上的困惑，以便他们能更好地面对和解决今后有可能出现的大量的复杂问题。

真实的生活，有太多不尽如人意的地方，甚至有太多负面的现象。我们无法改变这些现象，也不能逃避现实，更不能代替学生去面对，但我们可以帮助他们树立正确的价值观并提升他们的实践智慧，以便他们今后能得体应对，这就是教育的价值，也是教育的难点。教育之难，难在促成学生内心精神的主动生长。

最后，经过反复讨论与修改，师生确定了如下以“做博雅学子”为名的班级公约。

做博雅学子

1. 对自己的形象负责。
2. 不给别人添麻烦。
3. 发现别人的好。
4. 体谅别人。

5. 用小小的贴心为别人制造惊喜。

6. 要么认真倾听，要么大方表达。

7. 不随意。

8. 有条理地做事。

9. 遇到问题想办法解决。

10. 对所有人都有礼貌。

11. 自己的过错自己承担。

12. 爱上图书馆和运动场。

通过对一条条具体公约的制订，学生清晰而深切地感知到，规则不是取悦他人的外部规训，而是反映了自我成长的内在需要。基于这样的心理基础，他们愿意全情投入，进一步制订公开的、明确的、具体的、可执行的细化规则。这些细化的规则成了一个个“可视”的标准，创造出可预见的文化，并让学生深切感受到：规则是有意义的，自己之于规则是有价值的。

这样的班级规则，与其说是规则，毋宁说是一份成长的契约。

三、规则的要义在于彰显契约精神

18 世纪法国著名思想家卢梭曾苦苦思索：人怎样才能生活在一个有序的群体中而仍然“自由如初”？最终，他得出的结论是建立“社会契约”。作为社会的动物，人不是孤立的，而是互有契约的。利益交往，有法律上的契约；生活交往，有精神上的契约。

班级规则，也理应体现契约精神：既是与同伴的契约，更是与自己的契约，它传递的是一种信心，无论是对他人还是对自己。

对自己参与制订的班级规则，学生愿意自觉遵守并承担责任，这就是契约精神。当契约精神成为班级的主流精神时，无论面对多么复杂的环境，学生都能坦荡为人、从容处事。这种精神让人终生受用，不会因时间的流逝、环境的改变而殆无孑遗。

张贴出来的规则只是一种显性的形式，在真实情境中具体运用，才能体现规则的价值。一份真正具有契约精神的班级规则，应具有以下几个特点。

由全体成员共同参与制订，对全体成员具有同等的约束力。

教师只能引导学生制订规则，而不能越俎代庖。经由全体成员平等参与制订的规则，才有公约力，学生才会有心理认同感，才愿意自觉遵守而不是被动接受。因为这样的规则体现的是学生自己的意志，是他们自己生命的“在场”，能让他们体验到自己的尊严、价值和力量。

一旦意识到这是他们自己的规则，学生会更愿意与教师建立信赖关系，而不会“老是觉得老师在担心我会犯错”，不用“老是担心自己会被惩罚”。有了心理的安全感和归属感之后，他们会更愿意相互扶助、相互成全，从而有利于形成和谐有序的班级氛围。

班级规则的制订，实则是班级全体成员达成价值共识的过程。这种共识，是全体成员共同的行动准绳。它不只属于学生，也作用于教师。有了这种共识，师生们会朝着一个共同的目标而努力，而不会互相抵触、相互掣肘。

比遵守更重要的是价值追寻。

一个人外显的行为必定根植于他内在的价值观。价值观好比树根，行为表现好比枝叶，只有根深蒂固，才能枝繁叶茂。人不同于动物，动物只有生存，没有生活。生存，只是“活着”，不用去追寻什么意义；生活，却要追寻“活着”的意义。只有深刻理解了意义，明白了“为什么”，人的行为才能落地生根。《礼记·大学》中有言：“致知在格物。物格而后知至，知至而后意诚。”抹去了意义的追寻，教育就会变得“无意义”。

教育的核心意义在于——让学生知道世界是什么样的，从而使其成为一个客观的人；理解世界为什么是这样的，从而使其成为一个理性的人；懂得如何使世界更美好，从而使其成为一个会创造的人；主动探寻更美好的生活应当是什么样的，从而使其成为一个审美的人。一句话，我们培养的孩子，不仅能适应社会，更要有能力改造社会。

引导学生对规则展开思考和对话，这本身就极具意义，因为它赋予了学生以独立思考的权利和自由表达的平台。通过思考和对话，学生个体的意义世界不断地与他人的意义世界相碰撞，由此，他们突破了自己原有的界限，打开了新的视界，开拓了新的视角，并培育起高远的眼界和博大的胸怀。

这一过程，也是观念内化的过程。通过讨论和对话，学生不断追寻规则背后的意义，认识到规则的制订不只是为了遵守，更是为了对共同价值观的追寻。在规则的完善过程中，这一认识会融入他们的血液，深入他们的骨髓。一个人在学生时代种下的种子，将直接决定他今后的人生或事业所能达到的高度。

规则需要不断完善。

规则并非一经制定便一成不变，不变意味着僵化；规则也不是朝令夕改、频繁更新的，以为新的就是好的、旧的就是落后的，这是一种庸俗进化论的思维。新与旧，不是截然对立的两面，它们往往相互融合、相互创生。班级规则亦如此，应视具体情况适时调整、补充或更新。

比如，在一次“一周小结”中，有同学指出，当班上有同学因犯错误而自觉难堪时，竟然有其他同学上去围观，或是取笑，而有些犯错的同学为了掩饰尴尬，故意装得无所谓，从而使问题变得更糟。为此，他建议班级规则中加上一条“别人尴尬时，不去看他”。这一条看似简单，却包含着对人的尊严的守护。

同学们推而广之，又补充了诸如“别人的秘密，不去打探”“别人的伤痛，他不提我们便不问”等规则，从而使班级规则不断丰富和完善。

教育即生长，这种生长是在规则中的自主生长，自由而不随意。在规则的制订、执行和完善的过程中，学生学会了勇敢地批判，积极地创建，从而实现了自身思想的启蒙和价值观的树立。

困难是成长的最好教科书

——教育一位“红孩儿”的五味经历

困难，是教师成长最好的教科书；学生，是教师成长最好的“贵人”。

——题记

迫于生计，15 岁的齐白石去学做木匠，从此，长期操刀，游刃于木间。

结果，正是这一段经历，为他日后的艺术创作提供了不竭的源头活水。比如，家乡的草木，都带着记忆在他的艺术作品里自然而然地流淌，“故里山花此时开也”；日常的雕刻，锤炼了他对造型、构图、材质的把握能力；长年的操刀，练就了手、腕、臂的功力，刻印时呼呼带风，石渣子乱蹦，那些斑驳的刻痕，生动、鲜明且自然。

这段经历本是一种困境，但期间所储藏的信息，却源源不断地奔赴他的腕底和刀锋，让他的风格独树一帜，加上自身的“衰年变法”，最终，他成了一位艺术巨匠，成了一个时代的标志。

每个人都希望自己的人生之路是笔直的、宽阔的、平坦的，但行进之中我们却发现，路途有崎岖、有凹陷，还有难以并行的窄巷，甚至有横亘在前的巨石。遭遇困境，是人生迫不得已的事，也是必然的事。但是，如果我们能正视自己所经历的困境，将之化为历练自己的契机，那么这些“石头”便会成为“垫脚石”，而不是“绊脚石”，犹如河蚌体内嵌进了沙子，只要忍痛分泌黏液，便可能孕育出珍珠，此所谓“蚌病成珠”也。

回首自己在教育路上走过的 18 年，期间一次次经历挑战，一次次陷入困境，但当我静静回顾其间的惊涛与骇浪、艰辛与痛苦时，我却真切地感到，当时的那些艰难反而让我对教育有了更深的理解，原来困难真的是化了装的机遇，原来孩子真的是教师成长最好的教科书。

其中，伟伟（化名）——一个让我想放弃也想放弃自己的“红孩儿”，无疑就是这样一块巨石。他让我品尝了教育百味，让我的教育生涯跌宕起伏，但也丰富了我对教育的理解。以下讲的，便是发生在我和他之间的故事。

一、遭遇“红孩儿”

2001年，也就是参加工作的第二年，我带着一腔热血，怀着无比美好的憧憬，接手了一个初一的班级。由于精力充沛，加上力求完美，班级工作显得出类拔萃。中期学情调研考试后，班上转来了同年级另一个班的同学，他叫伟伟。

伟伟的转班，证实了之前的种种传说：且不说他学习上一片荒芜，常常挑衅老师，连打架、敲诈也是常有的事，更出格到匪夷所思的是，他还做了几个桃木小人，并在每个小人的背后写上了老师的名字。不用说，他所在的班级因为他而一片狼藉。坦白地说，很多时候，我只是把这些故事当笑话听，直到学校无可奈何之下，把他调到了我的班里，我才意识到问题的严重性，并开始重视起来。

伟伟初到我们班时，我特意把他截在了门口，给他讲规矩。为此，我故意摆出一副威严的姿态，上上下下地打量他。殊不知这一打量不打紧，我倒吸了一口凉气：伟伟果真跟传说中的一样，皮肤黝黑，体形庞大，像极了泰森，更让我心头一颤的是，他那双凌厉的眼睛此刻也正斜斜地打量着我，惊得我出了一身冷汗。可以想见，接下来与伟伟的交往将是一场艰巨而悲壮的持久战！

伟伟的不一般远远超出了我的预期。一周后，学习委员小瞿来报告，说伟伟在课堂上自由走动，科任教师对他提出批评，但他压根儿不当一回事。我当机立断，立即把他找来。

“听说你在课堂上随意走动？”我紧紧盯了他几十秒钟，然后一字一顿地威严地说。

“你都知道了，还问？”他以攻为守。

“向你求证是对你的尊重。”我反击。

“是小瞿说的吧？她自己也好不到哪里去！”他坦然迎着我审视的目光，反过来审视着我。

“她有什么问题我自会找她，现在是说你的问题。”我把话题拉了回来。

“走走又没关系，我又没讲话。”他仍在狡辩。

“你以为这是菜场？”我努力反驳。

“别人上课说话你都不管，怎么只说我？”他开始变得不耐烦。

“没听说罪己比罪人更重要吗？”我故意说得文绉绉的。果然，他一时语塞，八成是没有听懂，又不好意思问。

看他沉默，我乘胜追击：“连承认错误的勇气都没有，算什么男子汉！”

这一激将法起了一点儿作用。他慢吞吞地说了一句：“是我不对，这下总好了吧？”他能撂下这句话，我已经心满意足了，哪敢再深究？否则他犟起来，我反而下不了台。于是，草草收兵后赶紧把他放走了。他嘟嘟哝哝地离开了办公室。

可第二天，当小瞿向伟伟要作业本时，伟伟觉得自己受到了莫大的侮辱，再加上头一天的事，新仇旧恨一齐涌上心头，于是一脚踹翻了小瞿的桌子，扯着嗓门嚎叫：“老子没作业，你给我搞搞灵清，想吃巴掌就直说！”然后一边骂，一边气势汹汹地追将过来，吓得小瞿赶紧逃进女厕所。所幸有老师正好去上洗手间，才把惊魂未定的小瞿给“救”了出来。

经过此事，伟伟的“名气”自然又上了一层楼。他之后的表现更是变本加厉，而我则节节败退。且不说作业不做、上课不听、顶撞老师，连旷课、喝酒也都不在话下，我几乎每天都要接到同学对他的投诉：

“郑老师，他一上课就踢我的凳子。”

“郑老师，他在上课时跷二郎腿，还跷到桌子上。”

“郑老师，他走楼梯时总在背后用手指使劲戳我们的屁股。”

“郑老师，天这么冷，他非要开电扇，我们去关，他就说谁关就放谁的血。”

…………

再接下来，他的表现不是超出我的预期，而是超出我的容忍范围——抽烟，而且还用打火机点燃课桌，并在焦味和同学们的惊叫声里获得满足感；校外结交小混混，校内招收“小弟”，收取保护费，称霸一方；有时看天色灰暗，就跑出去将教学楼的总闸关掉，听着同学们的惊叫声，他心满意足地大吼一声，恨不得让地球人都知道这事是他干的；他还常常对着校门口车站里他所认识的人高声大喊，呼朋引伴，炫耀自己的“势力”……我整日就像个超级消防员，哪里起火哪里赶，而火源其实只有一个，那就是伟伟。

此时的我，大概只能用阿Q的方式来自我安慰、自我疗伤。我安慰自己：听说上帝是最精明的，他给人一份才华，便要搭配成倍的磨难。看来上帝很信赖我，所以给我加大了困难的比例和分量。

乔布斯曾与人有一段关于智慧的问答：智慧从哪里来？正确的判断。正确的判断从哪里来？经验。经验从哪里来？错误的判断。对伟伟的教育，我就是跌跌撞撞地从重重错误中走过来的。

二、第一重错误：招安收买

原本我们班在学校里是出类拔萃的，军训得了大满贯，运动会拿了第一名，板报期期是先进，学习成绩遥遥领先，开学第二个月就因社会实践活动成绩突出而受到副市长的慰问……

可如今，因为伟伟的存在，我感到了前所未有的压抑和苦闷，怕班貌因他而滑坡，怕班风因他而逆转。班上一有风吹草动，我就马上猜想又是他干的。他成了我心中最深的痛，我甚至一度幻想自己能有一招“空中点穴术”，在他犯浑时将他点住。虽然我明白“火大无湿柴”的道理，但初任班主任的我，显然没有足够的力量让火燃烧到那样的程度。我陷入了严重的心理不适。

我觉得我应该主动出击，不能再这样被动应战。忽然想起一位老教师的指点，说对行为出格的学生，不妨授以小干部、课代表一类的职务，把他的精力引到正事上来，这样或许可以让他体验到自我价值，从而自觉努力。我眼前一亮，这不正类似于朝廷对梁山好汉进行招安吗？经过慎重考虑，我决定安排伟伟担任纪律干事——不是委员，这样说比较容易得到同学们的支持。

就这样，伟伟走马上任。开始，他神气活现地执行任务，班级纪律也因此出奇地好。为何？怕他。

看到这些，我有些自鸣得意：真可谓是一举两得啊！班级纪律不需我过问，伟伟对自己也有了一些约束。可我没有意识到，班上同学对我的不满情绪渐渐严重了起来。伟伟毕竟是一个品行有着严重缺陷的孩子，一旦手中有“权”，“官”念就油然而生，他对班级纪律的管理，实则是一种近乎痞子式的管理。班上同学敢怒不敢言，看似风平浪静，实则暗流涌动，仿佛一锅极热的油，看上去很平静，但只要一点儿水花就能引发爆炸式的沸腾。这一点马上得到了验证。

一天，我刚进教室，同学们就像潮水般地涌了过来，向我汇报“伟伟和阳阳打起来了”。我一看，桌子横七竖八，书本掉了一地，如同鬼子扫荡后留下的烂摊子。

“郑老师，他拿粉笔头扔我，我根本就没讲话。”阳阳控诉着，声泪俱下。

“郑老师，他自己那么差，凭什么管我们？”同学们开始群情激愤。

伟伟见这架势，自知理亏，但面上又挂不住，便用蛮横掩饰心虚：“我叫他们不要讲话，谁让他们不听？老子看他们不爽。”

“我们又没有讲话。”

望着同学们愤怒而委屈的眼神，我顿时愧疚得无地自容。虽然我察觉到孩子们与我的距离在疏远，但还是远远低估了他们所受的压抑和伤害。这种愧疚随即转为对伟伟的愤怒：“管理是有理才去管！你不讲理谁来服你？”

伟伟的脸上顿时恢复了以往的痞气，他扬着脖子，嘴里一字一句地蹦出：“切，老子本来就不在乎这个狗屁干事！”骂完，狠狠地踹翻了一张凳子，扬长而去。

此时，我才明白施舍岗位是一种多么愚蠢的举动。诚者才能自成，而我是出于施舍，不是基于伟伟的需求；我为的是自己管理的方便，而不是学生的成长。这样做，离“诚”字太遥远，也自然与理想的结果渐行渐远，所以不被在乎，不被珍惜，甚至被蔑视、被践踏。而且这种只见树木不见森林的做法显然对其他人不公平，必然会引起大家的心理不平衡——难道给伟伟额外照顾仅仅是因为他差？为了得到这份额外照顾，我是否也可以差一点儿？

伟伟就是一个活生生的例子。第二天，他完全还原到了那个乖张放纵的“红孩儿”，暗里处处和我对着干。还扬言一天收拾一个，吓得同学们不敢到学校上课，家长更是联名要求将其转走，否则只有让自己的孩子转学。

真是一场噩梦。

三、第二重错误：动员转学

很多事，不是不可能，而是你认为不可能，于是最后“真的”不可能了。在心里给自己设了限，这才是横亘在理想与现实之间的最大障碍，一个无法逾越的障碍。当时的我，心头上的阳光就是被这样的障碍遮挡住了。

为了早点摆脱噩梦，我想到了一条“捷径”，那就是动员伟伟转学。于是我决定到他家里去一趟。由于伟伟在当地家喻户晓，我很快就找到了他家。这是一幢农民自建的别墅，外表豪华气派，里面却凌乱不堪。一位中年妇女大声地招呼我，应该是伟伟的妈妈。她拥有跟伟伟一样硕大的脸庞和一样魁梧的身材，没错，正是伟伟的妈妈。凭直觉，这是一位淳朴憨厚、不善言辞的农村女性。我心想，与她对话，我应该是话语的主导方。

在轻描淡写地说了些伟伟的近况后，我忙不迭地转入正题：“伟伟确实有进步，只是他与原来班级的同学藕断丝连，而现在班上的同学又怕他，所以他总是无法融入新的集体。看来，这个班不太适合他。你们有没有想过给他换换环境，让他重新开始？”

伟伟妈妈的神色顿时黯淡下来，叹了口气说：“他回来老说郑老师很好，我以为他开始懂事了，看来还是老样子。”听了此话，我瞬间脸红，一时接不上话。她继续：“我们家伟伟哪，害人，到哪儿都害人，让他多换一个地方就多害一些人。”这更是让我羞愧得无地自容（虽然也夹杂着一点儿失望）。一个农妇尚有这般觉悟，作为育人者的我，反而没有这样的认识。

我脑海里顿时浮现出盘圭大师的形象。大师的一位弟子常常行窃，引起其他弟子的愤慨，纷纷请求将之逐出寺院。大师的回答是，你们都是有智慧的师兄，可以随时去其他地方参学，但你们的师弟却连是非都分不清楚，我不教他谁来教他呢？弟子们听了之后莫不震动。大师的博大和接纳最终感化了这个弟子，他做了一次洗心革面的心灵净化，从此告别行窃。

反观此刻的我，似乎只有那些师兄的觉悟，而伟伟的妈妈却接近了大师的境界，这着实让我汗颜。接着，她又自言自语地说了一句：“他以前的班主任也这样说起过，所以我感到很难过，给你们添麻烦了。”我真是羞愧难当，脸红耳燥。她是否看穿了我们这些老师的小把戏？羞愧之后，涌上来的是对她的同情。我只需忍受伟伟这“混世魔王”2.75 年，然后送他毕业，而他的妈妈却要忍受他一辈子，个中滋味又怎能是我们所能体会到的！我寻思，自己先前的言行是否残忍地伤害了这位淳朴的母亲？

正说着，伟伟的爸爸回来了。一听说是老师来了（看来他事先并不知道我要来家访），不由分说，冲上去给了儿子两耳光，嘴里还骂道：“你这个劳改犯（我以前听过最出格的训斥语是‘畜生’，‘劳改犯’还是头一回听说），老师都告到家里来了……”其神态之凶恶，语言之刻薄，让人怀疑他是不是孩子他亲爹。

伟伟终于按捺不住，与父亲扭打起来，两人翻倒在地，轮番占据上风。情急之下，我大声喝令伟伟：“你再不松手，我打 110 报警了！”他这才松手。他爸觉得自己颜面尽失，心有不甘，作势用手指着儿子再次冲上去，被我和伟伟妈妈拉住了。

所谓的家访就在这样的闹剧中尴尬结束，我落荒而逃。这真是我最窘迫、最惊心动魄的一次家访。痛定思痛，我细细思量：这样的结果不也合情合理吗？动机不纯，又何来正果？

也许是努力想为自己找回一点儿面子，我力图暗示自己，这次并不是完败，还是有意义可寻的。以前我对伟伟只有痛恨与厌恶，这一次居然对他产生了同情，这是第一次对他有这种感觉。伟伟霸道的背后，隐藏着家庭关爱的缺失，以及由此带来的极度自卑。

回溯一些孩子的精神源头，我们发现，有些种子其实早已在悄然间埋下，一旦时机成熟，便会一个个瓜熟蒂落。对伟伟来说，家庭就是他的源头之石。找到了这一点，或许是我本次家访的最大收获吧！

四、笨办法也是办法

面对困境，是流一路泪水，还是淌一径汗水？在没有更好的办法时，笨办法也是办法，远胜过消极对待或是敷衍塞责。我下定决心，再难的路也要陪伟伟一起走下去。

我开始每天放学后亲自“护送”伟伟回家。与其说是护送他，不如说是变相护送其他同学，同时免得他又去结交那些社会上的闲杂人员。糗的是第一次我竟被他甩了，他故意在村民家园一带给我绕弯路、兜圈子，几圈下来，我这个路盲就找不着北了。第二次我吸取教训，换上跑鞋，他跑我也跑，这死胖子，跑不过我，想当年 800 米跑我只需 3 分 05 秒，他哪里是我的对手？就这样，我始终跟他保持着一点儿距离，不紧不慢地跟着。一路上，两人无话。那样子一定很滑稽，路人见状也会一脸疑惑：此二人到底是什么关系，母子？不可能。姐弟？长得一点儿都不像。师生？哪有老师这般窝囊的！可我真就是这样一个窝囊的老师。

为了少一点儿尴尬和难熬，我每天精心准备一个哲理小故事，然后慢慢地给他讲。我们走得近了起来，不只是空间，还有心灵。

我做的另一件事是每天为他买早点。伟伟从不在家吃早饭，因为他根本不想见到他父亲。他的早饭，都是他提前指定别人为他准备的。什么餐点、什么时候、放在何处，都要一一到位。那些被敲诈的孩子因为畏惧，无不听从他的吩咐。我实在想不出其他良策，只能委屈自己。于是我找来伟伟，直言告诉他，我理解他为何不在家吃早饭，但人是铁饭是钢，早饭是必须要吃的。既然我是老师，我就有责任关照他的健康。我们订立了一份君子协议，以后我来买早饭，但不许再让别人去买了。伟伟略略一思索，同意了。

此后，为他准备早饭成了我每天的要务，而他的嘴巴还真够刁的，比如，饼干只吃奥利奥，最贵的那种，对工作才一年的我来说，实在有点儿吃不消。也罢，忍一忍，至少这样能使几个孩子免受其伤害。

同时我也开始反思自己的种种过往。

以前，我得失心太强，总是火急火燎地想把他转变成一个好学生，以显示自己的能耐，却在不经意间失去了平衡心和平常心，多了一份急躁，少了一份耐心。现在我告诉自己，教育最重要的是陪伴，我在陪他走，某种意义上说，他也在陪我走。这样想着，脚步就慢了下来，心也静了下来。

以前，我听有经验的人说，对精力过剩、行为出格的孩子要多多表扬、多多鼓励，于是，只要伟伟哪一天表现平稳，我就极力表扬他，以为通过贴贴标签就能夸出一个好孩子来，谁知得来的却是一句不屑一顾的“当我傻，切”。到了期末，我评他为“劳动积极分子”，可他领了奖状后就把它撕了，并甩下一句“那些劳动积极分子都是垃圾”。再加上让他当纪律干事的教训，我现在开始懂得，表扬不应该是廉价的施舍，而应该是真诚的认同。一切教育行为，如果不是出于真诚，不是出于尊重，其结果往往会南辕北辙，背道而驰。

以前，我只关心他的作业交了没有，而现在，我从自己的学科着手，在伟伟有错误的地方先打“＼”，等他改正后再加上“／”，从而变成“√”，然后打上“优”……

我就是以这种原始的方式，一点儿一点儿叠加着自己的耐受力和信心，让自己的意志力欲摧弥坚。渐渐地，伟伟少了敌意和不屑，愿意与我交流，偶尔也会主动说说自己的私事。这一切让我明白，事情正往良性的方向发展。

五、第三重错误：无形隔离

育人，往往是一波三折的。由于担心伟伟与原来那些朋友在一起会惹出更大的麻烦，我就有意让他减少与原班同学的来往。可是，他与本班同学格格不入，这样一来，就成了孤家寡人。再者，他以前的那帮朋友从此认为我在贬低他们，于是给我使绊，故意奚落伟伟，说他这么听老师的话，真是丢了男子汉的气概。

终于有一天，伟伟为了显示自己的威力，在那帮朋友面前夸海口："我才不怕郑老师，不信我 K 她一顿。"此话刚好被我班一位叫小龙的男孩听见，于是马上向我汇报。小龙说第一遍时，我不信，说第二遍时，我依然不信。小龙急了，把时间、地点、人物通通细说了一遍，我终于信了。刹那间，我感到怒不可遏，一股热血往上涌。我如此付出，换来的却是这样的回报！愤怒、心酸、失落、怨恨、颓丧……各种消极情绪一齐涌上心头。

当机立断，我找到两位同事，向他们控诉了伟伟的累累"罪行"。同事们听了后也都义愤填膺。他们的愤慨反倒让我冷静了下来。我只求他们帮一个忙，第二天一早在我的办公室门口"巡视"，只要里面一有风吹草动就马上进来，为的是给我壮胆。

第二天一早，两位老师如约在办公室门口"巡视"，这给了我底气，而且我已经做好了最坏的打算——辞职，反正我准备承受最糟糕的结果，因此无所畏惧。我干净利落地把伟伟叫进办公室，一切按计划进行。我开始发泄自己的委屈与怒气，酣畅淋漓地痛骂，甚至把"畜生"二字都骂出口了，我知道假如他动手，我那两位同事会进来制止。

可"剧情"并没有按照我的设想发展。伟伟听到"畜生"两个字后，一怔，然后狠狠打了自己两个巴掌，歉疚地说："我真是畜生！"如此急转直下的剧情让我错愕，旋即涌起激动和惊喜。但为了配合当时的气氛，我还是故作气愤状：“如果你把自己当畜生，我就把自己当驯兽员；如果你把自己当学生，我就把自己当老师。”那一刻我感到无比解气，犹如苦战多年的战士第一次品尝到了胜利的甘甜，阴霾已久的心灵天空瞬间变成了晴天朗日。

然而，平静下来后，我却开始审思自己过往的种种，不断地问自己：如果当初我没有刻意让他与他的朋友们保持距离，他会说出那番话吗？一个孩子被教师无形中隔离后，对他的教育还会有多少有效？接纳一个人，是否也应包容他身边所有的人？如果没有之前的种种付出，今天的训斥又会是怎样一种结果？当头棒喝，如马卡连柯一巴掌打醒一学生，需要在什么样的条件下才起作用？学生的转变是否也分“渐变”和“突变”？这些问题，至今还会在我的脑海里时隐时现。

经历了这些“痛”之后，我似乎一下成长了许多。

我认识到，教育需要底气和勇气。由于之前的不安全感，我失去了诸多勇气，而勇气的缺失，会顺手带走智慧，故而我节节败退。我认识到，教育不仅需要和风细雨的滋润，也需要狂风暴雨的洗涤；既需要施恩式的“水疗”，也需要发威般的“火攻”，水火并进，刚柔并济，方能奏效。如同人的身体构造，既有坚硬的部分即骨骼，也有柔软的部分如肌肉、软组织等，二者的有机结合，才能让人灵活自如。

我认识到，学生的顺逆反复，是教育的常态。教师需要充分认识到这一点，并做好充足的心理准备，这样才不至于猝不及防，也不至于在学生出现不良反弹时心生怨艾。

六、唤起一颗柔软心

自从那次狂风暴雨之后，很长一段时间内，我都没有去安抚伟伟。我表面上装着不理会他，暗地里却对他时时留意、处处留心。这样做，倒不是担心他会“出乱子”，而是想等待和捕捉一些时机。

这段时间里，伟伟也变得像一个隐形人，处处回避我。他不再过来吃早饭，也不再与任何人交流，一个人悄无声息地来，又悄无声息地走，似乎陷入了深深的自责。这让我于心不忍。这是一个内心与外表严重失衡的孩子，看起来强大无比，实则相当脆弱，需要旁人更多的关注和关怀。

直到有一天，我发现他看了我好几次，欲言又止的样子，于是径直朝他走了过去。他非常不好意思地拿出一个小袋子，袋子已经开封过，皱皱的，装着几枚胖大海。半晌，他终于说了一句："老师，给你的。"他居然留意到我这些天嗓子不太好！这个细节至今让我动容。

我意识到，这是一次绝佳的交谈机会。那么以何种方式进行交谈呢？我决定以朋友的姿态进行。于是跟他开玩笑："吃人嘴软，有没有什么不良企图啊？"他笑了，笑得很舒心："哪有啦？我看妈妈嗓子不好时，就泡这个喝，也许对你也有用呢，就顺手拿来了。""那我就放心地笑纳了！"我转身回到办公室，泡起胖大海，并拿上一个苹果回到教室给了伟伟，说是"礼尚往来"。

我喝着胖大海，他吃着苹果。我们边吃边聊，我问他是否愿意为班级做点儿事，他自嘲地说："我是垃圾，不，我是垃圾中的垃圾，能做什么事？"听到这话，我的内心感到一阵痛楚。这是一种怎样的自卑啊！我努力让自己保持轻松，以一种开玩笑的口气说："谁说你是垃圾，看你一身肉就知道你浑身是宝。"他嘴一抿，难为情地笑笑。我发现他的笑还是挺可爱的，怎么以前没发现？"我知道，你是说我胖。""错，我是说你力气大。这样吧，小郭没你力气大，你看能不能帮他一起抬水？""没问题。"伟伟甩了个响指去了。数天的阴雨连绵，更衬托出雨过天晴、大地如洗的美好。

此后，我们常常看到，抬水委员小郭拿着空桶走下楼不久，伟伟就两手各提一桶水一口气跑上了五楼。我说小郭你能不能也拿一桶，你还真当人家是"下手"？小郭无奈地苦笑："是伟伟要这样的，我也没办法。"我也只好双手一摊，无奈地将头摇了半圈。这无奈竟是那样的甜！

后来，伟伟又说："郑老师，反正我又不要学，我来整理作业吧，让课代表多一点儿时间早读。"此时的伟伟是个渴望被认同的主动奉献者。

面对他这个热心而又过分的要求，我竟一时下不了决心。伟伟倒是说到做到，每天早上第一个到校，放下书包，守候在交作业本的桌子边，将作业本分门别类整理好，等时间一到，开始一一检查，并记录完成情况，甚至连头一天未订正的都记录在册。同学们叫苦："把关太严啦！"每次大扫除，他也总是抢着擦电扇、灯管，叠桌架椅地"高空作业"……

伟伟渐渐收获了同学们的好评和信任，这种好评和信任，能赐予人莫大的力量，并让他在付出中收获自信。他慢慢地体会到，每个人都是身边人的环境，如果做不到让他人因自己的存在而感到幸福，至少也要做到不让他人因自己的存在而感到痛苦。

还有几个动人的细节：一是原本嗷嗷叫、满口脏话的伟伟，现在自带了一个搪瓷杯，一改往日的牛饮习惯，抿一口，看书；再抿一口，看书。什么书？《读者》或是《历史与社会》课本。付出总是与收获相对等的，伟伟全力以赴学习这一门科目，这门科目的成绩就理所当然地名列前茅，所以他常常会催问何时考社会。如此热盼考试的，我只见过这一人。二是伟伟总会多买几个校徽，班上有谁丢了，他好雪中送炭。三是"非典"期间，伟伟为他的妈妈和我买了口罩。冰冷的石头也有感性的质地，也包含着火的种子。

临近毕业，面临专业选择时，伟伟和家人的意见无法达成一致。伟伟认为自己不能胜任任何专业，但对做厨师还有点儿兴趣；他妈妈则认为汽修专业前景看好。我建议：听从内心。他妈妈听了，便说了一句"还真是，学厨师挺好，学成后即便不当厨师，回家烧饭也挺好"，瞬间把所有人逗乐了。

毕业后，伟伟送了我一袋东西：桃子、李子和工艺蜡烛，里面还放了张贺卡，上面一笔一画地写着："郑老师，您是红烛，祝您桃李满天下。"而他妈妈则逢人就说我是最伟大的老师，是超级老师。虽然我知道这多少夸大了事实，但我明白她是发自内心的，满是沉甸甸的诚意。

如今，伟伟已是一家酒店的厨师，自食其力，自得其乐。值得一提的是，每年的 9 月 10 号，他都会回来看望我，实在不方便就以短信、微信的方式祝福我。记得第一次来时，他说："郑老师，如果班里有哪个小朋友不懂事，您跟我说一声。”伟伟就是用这种纯粹得近乎野蛮的方式表达对我的尊敬、善意和维护。

“遇到伟伟，是你的不幸，还是你的大幸？”常有人这样问我。我说，两者都是，过得了，便是大幸，过不了，便是不幸。两者没有截然分明的界限，不幸，往往是化了装的大幸。

因为伟伟，我对之后遇见的每一块“巨石”多了一份坦然，多了一份从容，更多了一份敢于面对的勇气和力量。我相信黑暗不是我的人生色彩，我只是在经历黑暗。我把考验我的“绊脚石”一块一块垒成了“垫脚石”，并借助这些垫脚石，站在了更高的位置上。

因为伟伟，我体会到，只有非常之境，才能把沉睡中的力量唤醒，才能让一个人超越自我。犹如河水只有走到了绝境，才能形成壮观的飞瀑。这种力量，不靠遇见，也不靠求得，它就在每个人内心的灯火阑珊处。

每个老师都会经历孩子成长历程中的一个阶段，每个阶段都可能成为孩子今后成长的精神源头。为此，我们要穷尽自己的智慧，尽己所能，知其心，引其行。

教育路上，遭遇困难是必然的事，犹如侍弄庄稼的农人也必然会遭遇旱季。对此，我们要确立的认识是：越是经历过旱季，瓜果就越甜，所以就越不能放弃。

每一种“当时只道是寻常”的平凡，都可能蕴藏着潜在的非凡。

每一片“此情无计可消除”的愁苦，事后都“可待成追忆”。

每一次“山重水复疑无路”的窘困，过后都可能让人觉得云淡风轻。

每一段历程都有专属于它的风景，所以不要错过人生的旱季。历经沧桑，方有光明与开阔；有丰富的经历，才有丰盈的人生；无数个“一朝风月”的叠加，才能最终成就“万古长空”。

教育，在于唤醒

——帮助一位“低起点”的孩子确立向上向善的信念

唤醒孩子内在的力量，帮助他变得强大，这是一个教师最大的善。

——题记

《楞严经》里有一个极富禅意的片段。

佛陀问阿难：“眼盲的人和眼明的人处在黑暗里，有什么不同呢？”

阿难答道：“没有什么不同。”

佛陀开示道：“不同，眼盲的人在黑暗里什么也看不见，但眼明的人在黑暗里看见了黑暗，他看见光明或黑暗都是看见，他的能见之性并没有减损。”

一个具有能见之性的人，需要的是光，只要给予一点儿光亮，他就能“看见”。也就是说，一点儿光亮，便能唤起他的能见之性，能让他用自己的眼睛观看一切。

教育中，每个孩子都有发展的无限可能，只是有些孩子尤其是“低起点”的孩子自信坍塌，怀疑自己的向上之力。对他们，我们要做的，是竭力唤醒他们埋在心灵深处的尊严和自信，在他们心中播撒下向上向光的种子，从而使他们对自己、对生活重新树立信心。一个人的内力一旦被唤醒，他便会自己奔跑，即便路边没有掌声。

一、“我也是别人的环境”——帮助学生经营好关系

每个人都生活在一定的关系之中，这些关系就是他的生存环境。人只有生活在和谐的环境里，才能最大限度地释放自己的创造力和生命力，否则，他将远离幸福生活。

涛涛是个矮小的孩子，这使得他从一开始就不怎么引人注目。他的眉毛常常拧巴在一起。据说眉是心情的叶子，一个人内心的风吹草动，都会在眉上显出涟漪。涛涛那纠结的眉，加上那苦涩的表情，让他看起来显得有些丧气。不过他的表情常常能在瞬间变换。前一刻还在与人嘻哈打闹，一见到老师，刹那间就切换成霜打过的茄子，耷拉着肩，哭丧着脸，低垂着头，这让原本就矮小的他看起来更像是低到尘埃里去了。而且此时的涛涛往往会咕哝一句："老师，我错了。"眼睛却在不断地偷瞄着你。这是他躲避惩罚的法宝——主动认错，态度端正，从而让老师不好意思再追究他。可等老师一走开，他又马上切换到原来的样子。

虽然涛涛总跟同学们打闹，但这并不意味着他的同伴关系有多好。恰恰相反，他是生活在集体中的落寞个体，离真正的快乐其实很遥远。他与同伴玩闹时基本是被追打的一方，对方追上他时常顺势不怀好意地重重拍打他几下，而他傻傻地甚至有些犯贱似的继续招惹："你来呀，有本事你来呀！"于是对方为了显示自己的本事，继续追赶他，追上后又是重重的几下。

有时对方下手过重，涛涛也会倔强地噘起嘴，试图与人理论，但因为一激动便会讲话结巴，最后又败下阵来。极偶然地，涛涛也会愤怒，摆出一副要还击的样子，但从未付诸过行动，当然也就没有实质性的进展，仿佛一只树蛙，变换出鲜艳的体色仅仅是为了保护自己。有时，事情会转移到老师那里处理。面对老师，涛涛常常夸大自己所受的伤害和委屈，而其结果则往往是被认定为撒谎。如此一来，他在舆论上也告沦陷了。

于是年级里几个不怀好意又摸清涛涛底细的同学，常借着玩的名义把他推来搡去，甚至把他拉到某个角落里欺负一顿。这一切，加剧了涛涛的卑怯，让他在无法忍受孤独却又无力与人友善相处的路上做着惯性运动，在打闹——挨打——挨批——继续打闹的怪圈里循环往复，如同鲁迅笔下那些可怜可悲可叹又可恨的小人物。

在涛涛又一次挨打却被指认为过错方后，我经过深思熟虑，与他展开了一次对话。

“你似乎常常挨打，有没有想过是什么原因？”

“大概……大概是因为我不太讲卫生吧！”

“这一点，你认为自己有能力改变吗？”

“有。”

“还有哪些原因呢？”

涛涛沉默。

“知道画蛇添足的故事吗？”

“知道啊！”

“生活中也经常有这样的故事在上演，我们姑且称之为‘新画蛇添足’。”

涛涛莫名其妙地看着我。

我继续：“给你讲个小故事。一女子控告邻居闯入她的房子并侵犯了她。‘你试图抗拒了吗？’男方辩护律师问。‘是的，我还使劲地踢他、打他，猛力地抓他头发。’结果，这位女子败诉了，因为那男的是个戴了假发的秃子。你看，即便百分之九十九的陈述都是事实，只要多渲染了那么一点点儿，就会造成全盘失败。这何尝不是新版的‘画蛇添足’呢？”

我想要让涛涛明白，为何他受到伤害后还会陷入尴尬和被动。

涛涛恍悟过来，“哦”了一声。

“以前挨打时，都没还过手？”我继续问。

“上幼儿园时，有一次不小心撞到了一位小朋友，他用小凳子砸我，于是我就与他打了起来。结果回家后爸爸狠狠地打了我，说：‘说过多少次了，不许打架！’”

父亲的忍让教育政策，原本是想调教出一个不打架的“乖孩子”，殊不知无原则的忍让只会令孩子陷入怯懦的阴霾当中，无法靠自己的勇气和智慧赢回尊严，并有可能一生卑怯。

“也没告诉老师？”

“以前会告诉老师的，但老师说是我自己皮，然后我就不再告诉他们了。”

我们的教育很多时候确实过于简单化了。教育，不是简单地评判对错，而是引导孩子智慧地把握方式和分寸。挨打后的败诉，让涛涛产生了更深的自卑感和无助感，而一个人在无助乃至无力时，不是走向无望便是走向无赖。

“涛涛，如果你受到了伤害，而对方并非故意，那么你的忍让是一种大度；但如果对方是出于故意，那你就要靠自己的勇气和智慧赢回自己的尊严了。当然，前提是不招惹对方也不歪曲事实。”对他，我需要直截了当。“关于后者，我愿意帮你，但我最多只能帮三年，而且在这三年中，你有太多时候不在我的视线之内。在我的视线之外，你依然要独立面对这个问题。”

有些阴霾，必须他自己去穿越，否则，他将一生缺钙。犹太哲学家马丁·布伯说过一句名言：“你必须自己开始。”学会从自己开始，才是真正的成长。

过了良久，涛涛才嗫嚅道：“我试试看吧。”

一段时期内，风平浪静。

终于有一次，当那位常欺负涛涛的陆同学故意撞他时，涛涛果断还击。对方猝不及防，觉得自己吃亏了，心有不甘，便把涛涛扭送到我面前，让我为他讨回公道。“我是跟他玩玩的。”陆同学反复替自己这样辩解。

我深知，涛涛固然需要精神补钙，陆同学何尝不需要精神输血。

“如果你对别人造成了伤害，即便不是出于主观故意，你也有诚心道歉的义务，而没有要求别人原谅的权利；如果别人原谅了你，那是人家的大度。当然，如果是主观故意的，你不但要诚心道歉，还要负首要责任。这样的距离，你还能撞到涛涛，而且这么重，你说教导处会认定你是故意的还是无意的？”我语气平淡，却切中肯綮。陆同学虽然心有不甘，却只能沉默不语。

我继续：“当我们错的时候，我们可以测试我们的勇气；当我们对的时候，我们可以测试我们的宽容。”有了这样的台阶，陆同学先开口了：“对不起啊，我一开始是想跟你闹着玩的。”涛涛没想到对方先开口道歉，赶紧借坡下驴：“我也不好，不该打这么重。”这件事的共同经历，让涛涛和陆同学各自有了不同的收获。

这件事对涛涛来说是一个转折点。从此，他少了一丝嬉笑，多了一点儿欢笑。这是第一步，也是极为重要的一步。之后，涛涛需要确立的是“我也是别人的环境”的信念。于是，我继续为他支着儿，比如，在家校联系本上经常反映班级的好人好事，然后由我广而告之。

渐渐地，同学们对涛涛的暗中褒奖之举感激不已，并慢慢地接纳了他，甚至他的同桌还这样写道：“做涛涛的同桌真是幸运，借东西，找涛涛。”生活就是这样，当你向别人表达善意时，你也为自己积蓄了幸福。

先保护好自己，然后好好做自己，从而既为自己赢得良好环境，也让自己成为他人的良好环境，这对学生来说，至关重要。

二、“我也是一块发光体”——唤醒学生的自信

涛涛自卑，这是他的心结，也是他的心劫。自卑，是精神上的矮化和自虐，会使人选择以匍匐的方式前行，并限制了人生所能达到的高度。如果说“战争的艺术就是在某一点上集中最大优势兵力”（拿破仑），那么教育的艺术就是在自信这个点上集中最大优势兵力，然后全力以赴去突破。

涛涛是个进城务工者子女，这个群体的孩子普遍对“民工子女”“农民工”“外地户籍”等字眼很敏感，我得小心翼翼地帮他们拔除这棵隐形的“稗草”。为此，我精心设计了一项活动，请外地生用方言说一句话或讲一个笑话，其他同学猜测其中的内容。当涛涛用自己的家乡话为电影《简・爱》的经典片段配音时，因为方言的喜感和他说话的结巴，“笑”果显著，孩子们乐得前仰后合。这个活动悄然淡化了进城务工者子女对户籍的敏感和自卑，包括涛涛。

从此，涛涛与我的距离越来越近了，渐渐地，他会主动找我谈心，对我敞开心扉，诉说他成长中的烦恼。我则耐心倾听，遇物而诲，相机而教。其中有许多语言如同酵母在涛涛的内心发酵出神奇、美妙的质素。

对话录1：“凡物皆有可观”

涛涛：是金子才会到哪儿都发光，可我不是金子。

我：那你认为自己是什么？

涛涛：是沙子。

我：如果我是一粒沙子，我会选择躲进蚌壳，让自己长成一颗珍珠，以珍珠的面目来发光。当然，这需要忍受漫长的寂寞与黑暗。

涛涛：如果我连沙子都不是，而只是一堆泥呢？

我：那就投进熔炉，把自己锻造成“器”。万历年间，制壶名家时大彬所造的茶壶要用等重的黄金才能换到。你看，泥巴也可以价比黄金，只是需要经受过烈火的炙烤。记住，凡物皆有可观，不论是微如尘土，还是凡如细沙，你都有自己的价值。

对话录2：“每个人都是自己人生的唯一主角”

涛涛：优秀的同学经常上讲台展示，连去个厕所都有人陪。要是我也这么风光，该多好！

我：每个人都是自己生命历程中的主角，不要白白耗费时间在别人的生命里跑龙套，要安心写好自己的剧本，演好自己的角色，你也是自己人生的主宰。你的未来不是梦。每个人都可以生如蚁而美如神。

这些语言，虽不能毕其功于一役，但能在涛涛的内心激起一点儿力量。涛涛原本接近干枯的自信找到了水源，渐渐恢复了绿色，开始生动起来。

三、“我有能力改变”——播下一颗愿力无边的种子

很多人在付出努力却看不到进步后，便开始怀疑努力与成功的关系，进而怀疑自己的能力，认为自己不可能取得成功，并发现最后“果真”不

可能。在精神上给自己设限，这才是人真正无法逾越的障碍，因为当一个人退到不愿超越自我的界限时，他就会为自己的不作为找出许多借口。

涛涛也尝试过努力，但努力的时间太短，仅仅停留在开学头几天，之后的表现便一溃千里了。他总能找到逃避学习的借口或障眼法，诸如系鞋带、找东西、玩笔、喝水、起身扔垃圾等，有时还站起来拎裤子，或者在上课铃响一刹那才飞奔去厕所……

学习成绩总是与学习热情成正比，涛涛的学习成绩（常驻年级最后）一直让他本人以及他的家人苦恼不已。

“学习有什么用？什么代数，我又不搞数学研究！还有英语，我又不出国！”他诉说心中的疑惑，还夹杂着愤懑。

“涛涛，对于大多数学生来说，今天的学习不是为了明天的专业研究。”

“那干吗还要我们学习？”

“学习不只是为了获得知识，更是为了借助这个过程锻炼你的能力，提高你的素质，以便你能更好地解决大量的非知识性问题。”

“社会上不是有很多人没文化但照样获得了成功吗？”

“是的，学习与成功没有必然关系，但它可以大大提高成功的概率。它可以帮助我们更好地适应陌生的环境，从而让自己拥有更多的选择。”

“其实我也想学好，可我真的听不懂。”他的眼里露出一种无奈与痛苦。我深信他那句“我也想学好”是发自内心的，但关键是“真的听不懂”。因为“真的听不懂”，课堂对他来说是一种煎熬，从而使他本能地选择逃避，做一些与学习不相干的事。

“有位哲人问他的弟子这样一个问题：如何除掉旷野上的杂草？你会怎么回答？”

“用手拔……哦，不对，用镰刀割……也不对，用火烧……”他认真思考并一一否定自己给出的答案。

我公布答案：“种上庄稼。”

他恍然大悟：“老师，我知道你的意思了，上课时，我应该做一些与学习有关的事。可是除了语文、社会和体育，其他的课我一点儿都听不懂。能不能这样，能听懂的我就认真听，不能听懂的，我就抄写或是看书或是做作业，可不可以？”我点头应允。

古人云“能举七十斤者，举百斤则蹶，举五十斤则运掉自如”，让涛涛做一些力所能及的事，可以使他葆有一点儿学习的热情。

纯粹凭着意志力去面对一场一个人的战争，无疑是一件煎熬的事，而且很容易让人退回到原点。于是，我决定加入涛涛的队伍。

我首先建议他去借阅班级藏书，并常常将自己订阅的《读者》给他看，有时还顺手夹一张精美的书签，并在上面写上一些诸如“读书的厚度决定人生的高度”的句子。

开始，涛涛并不感兴趣，但《读者》中的一些幽默故事点燃了他的阅读热情。看完幽默故事后，他也会顺手翻看其他内容。而我则经常与他交流书中的故事，让他的热情不致断灭。

书籍让心灵拥有了栖居之地。涛涛在课堂内不再显得那么突兀了，注意力也在一定程度上转移到了阅读上，不再无事生非。渐渐地，他通过阅读收获了精神上的愉悦和充实，于是很多时候，他就像一个休止符，兀自静静地在座位上认真看书。

为了让涛涛对学科学习产生一点儿兴趣，我经常与科任教师商讨可行的办法。比如，如果涛涛回答出了一个问题，就奖励他帮语文老师批阅古诗词的默写，这样，等他批完了全班的本子，他也把里面的古诗词背得滚瓜烂熟了；如果涛涛很好地完成了一件任务，就奖励他将精题抄写到小黑板上去……渐渐地，效果显现出来了，涛涛虽然对学习一如既往地没有兴趣，但不再消极躲避，有时还会主动问询。

一次，我布置完作业后，涛涛问：“老师，这道选做题要不要做？”“不做也行，做了更好。”“那我还是选‘更好’吧。”师生俩对视一笑。这是一种积极、主动的诉求，也是一种美丽的期许。

临近期终，涛涛跑来找我：“老师，现在同学们都忙着复习，我不好意思一遍一遍地找组长背诵，能不能到你这儿来背？”当然可以。

期末考试前几天，他来讨教“应考宝典”，说不想做最后一名。考试哪有宝典？功在平时才是真正的绝招。不过，面对底子薄却又开始争强好胜的涛涛，我选择了“面授机宜”。

“选择题如果没有把握，通通选 B，这样综合起来会有 25% 的正确率。”这招难度系数低，涛涛点头如捣蒜。

数学和科学，纯属客观题，对错界限太分明，感情分在这里不起作用，暂且不表。

“至于语文，作文不能空着。”这让涛涛大吃一惊，悄悄提醒我，他打小学起就没写过作文。我焉能不知，至今还清晰记得他的语文入学测试成绩为 6 分（满分为 100 分）。“一个题目，再加一个副标题，这样就有了两行字，正文部分就如同你我之间的谈话，把说的写出来即是。还要多分几个段落，这样可以多出好几行。总之要全力达到字数。”涛涛在旁边直听得一愣一愣的。

“英语，是你的‘强项’，因为选择题多，得分概率大。至于作文，从阅读题中选几段看着顺眼的抄下来便是。”

成绩排在最后几名的学生，彼此实力其实是相当的，都无限接近零，他们的考试成绩全凭不放弃的态度外加一点儿好运气。对于底子一穷二白的涛涛，我只能传授他一招通吃的技巧，虽然看着有些取巧，但显然胜过空洞的说教或坐视不理，而且这至少能保证他持有一种面对的态度，而不是逃避，更不是放弃。

考试当天，我送给涛涛一张自制书签，上面写了一句：“答卷如人生，可以有错误，但不能一片空白。”考试的最终结果是，涛涛的语文破天荒地考了 67 分，英语 33 分（我看过试卷，作文得了 4 分，并有阅卷老师的评语“离题了”），数学和科学依然没有突破 30 分，但总分足以让长驻年级最后的涛涛超过了十几个人。初战告捷。

事后，涛涛对我说：“老师，谢谢您，您让我意识到自己有能力去改变。”爱徒，身为教师，理应做你的人生导师，而不是过客。

尝到甜头的涛涛对作业的态度也积极起来，总会从书本里摘抄一些他觉得比较顺眼的字句或段落放到简答题或作文当中去，虽然很多时候离题千里，但这种不放弃的态度让所有人都倍感欣慰。每次上科学课前，他都会跑到科任教师那里，希望能帮忙搬器材。一次，得知要做发动机的实验，他还特意买了几条吸铁石（其实实验室里就有）。

最佳的教育，当如润物细无声的蒙蒙微雨，在一个“渐”的过程中滋润万物。涛涛何尝不为我上了生动的一课？纵令落后，依然驶而不息；纵令失败，依旧矢志不移。

四、“我很重要”——帮助学生找回失落的价值感

人都渴望被需要。因此，与其满足一个人的需要，还不如让他被需要。一旦感觉到自己被需要，人便会努力强大以求担当，力量会在瞬间酝酿或是爆发。

涛涛坐在第一排，离讲台最近。于是，我经常在课间发布征集令：谁借我红笔？马上会有无数支笔递过来，而涛涛因为地理优势，意料之中地成为最快者之一。不过，有个细节值得一提，他会细心地拧下笔盖后再迅速递给我，速度之快让人怀疑他是不是专门在候着。借红笔，是让涛涛体会到自身价值的最短路径，也是让我对他的关注悄然不留痕迹的最佳方式。

接受，是另一种方式的给予，借红笔可以让我的目光自然而然地投射到涛涛身上。而教师的目光如阳光，一落到学生心灵的枝头，那些枝叶便会生机盎然起来。涛涛对我的善意和热情日渐蓬勃。我的眼睛虽不是彩色相机，但可以定格那些有颜色、有温度的画面——

他经常会带一个苹果给我，而且是事先洗好的。

偶尔，他也会带上玉米、刀切、包子之类的早餐，装在袋子里，挂到我办公室的门把手上。

春、秋游时，他会带上哨子，只是希望我在召集同学时不用太费嗓子。

一个雨天，他跑过来为我撑伞，说是顺路，其实他家在相反的方向。

又一个雨天，我刚出办公室的门，便接到他急急打来的电话，让我千万别走原先的路，因为那里正在抢修施工。

…………

礼尚往来，我也会买几本书或是其他的小物件回赠给他。在这些来

往中，我俩不断叠加着情谊，巩固着信赖关系。

一个偶然的机会，我惊讶地发现涛涛的抽屉简直就是个微型五金店，小锯子、扳手、榔头、钉子、铁丝，一应俱全。对此，他不太好意思地解释道：“我的理想是当一名木匠。”神情羞怯，似乎觉得自己的理想不够远大。孩子，理想固然有宏大、有微小，但只要发自内心，都是有意义的。

我们不应急着把孩子塑造成什么，而要先观察他可能成为什么，并倾听他希望成为什么，然后尊重他的成长方式，顺性挖潜。我问涛涛，愿不愿意帮同学们修理松动的桌椅。“OK”，他甩了个响指后就去巡查了，一张一张地检查过去，一发现有松动的，就用他的家什修理好。

一个人的被需要一旦得到满足，价值感一旦得以确立，其成长的渴望便会无比强烈，其主动性和创造性便会像刚开瓶的汽水般喷薄而出。在一个无比寻常的日子里，涛涛带来了他的作品——一个专用于摆放黑板擦的盒子。盒子的框架是用木片做的，中间来回穿插了几根铜丝，以方便粉笔灰掉落。虽不是很养眼，但很实用。涛涛说，他发现教室里的黑板擦总是将讲台弄脏，所以想用自己的双手帮助班级解决这个问题。他还说他的创作灵感来自蚊香盘，但在形状上做了改进。他说得似乎很轻巧，但语气中掩饰不住自豪与兴奋。

不过，这个作品很快暴露了它的设计缺陷。由于两端没有封住，一旦有风吹过，里面的粉笔灰又会飘散到讲台上。涛涛看到后，马上进行改良，封住了两端。只是铜丝的端头还留在外部，如同一根倒刺，有一天扎到了粗心的我。涛涛看在眼里，再次进行了改良，用一张厚厚的包装纸将盒子包了起来，以保证安全。同时，他还改用了铁丝，理由是铜丝太脆，易断。改装之后，他还是不满意，认为不够美观，希望我能与他合作，他负责制作我负责包装。最终，诞生了终极版作品。我特意选用了绿色包装纸，一是与班级窗帘的色调一致，二是绿色最养眼。

从此，讲台一尘不染，那个盒子也成了教室里一抹鲜亮的点缀。涛涛对这个盒子的呵护可谓精心之至，有如《小王子》中那位小王子对玫瑰的用心。因为付出，所以爱；因为爱，所以付出更多。这个盒子，仿佛是那件“狄德罗睡袍”，让涛涛追求越来越多的美好。

涛涛的待人热情如同温度计里的水银柱受热般上升，无论见到哪位老师，他都会无比响亮地打招呼，就像一段欢愉的歌词嵌在节奏感很强的旋律里，全然不见了先前的卑怯。许多不认识他的老师受了这般礼遇后都有点儿小惊喜，纷纷打听这是哪个班的孩子。涛涛一时成了校园里的知名人物。

涛涛的制作热情也如同带火星的木条被放进了氧气丰沛的集气瓶里，剧烈地燃烧起来。他后来又制作了好多个黑板擦盒子，送给别的班级，于是更多的人感念他的好。他还时常做些竹蜻蜓、小车子之类的物件，送给老师，送给同学。凡此种种，都成为美好的记忆，存留在我们的心里。

后来，黑板擦盒子被选送到区里参加小制作评比，并以其实用性在众多作品中胜出，最终获得一等奖，这更坚定了涛涛当一名木匠的决心。

对此，我真诚地送上寄语：“人是因为有理想而了不起，不是因为了不起才有理想，今后无论你遇到什么，都不要让梦想褪色，让理想搁浅。”

涛涛无比认真地回复：“我以前以为自己什么事都做不成，现在我有了信心，只要自己想做，然后去努力，我也可以成功。我再不会小看自己了。”

涛涛的眼睛越来越有神采，如果说眼睛是心灵的窗户，那么心灵便是眼睛的内景。涛涛明亮的眼神，折射出的，是他那阳光充足的内心。

对起点很低的孩子，重要的不是施予同情，而是努力去唤醒，帮助他变得强大。把学生唤醒，让他们发现自己，然后做更好的自己，这就是我的教育“秘诀”。

我们要关注每一个学生，让每一个学生都能感觉到自己在教师的视线里。哪怕是最平庸、学习最困难的学生，我们也要去鼓励他们，为他们打开精神发展的视界，让他们展示自己，宣告大写的“自我”的存在。

教育，在于发现

——与一位“芥末型”绩优生的交往经历

世间有两类人让人深深叹服：一类拥有超凡的欣赏力，能发现世间的美；一类拥有超凡的创造力，能创造世间的美。而在教育的国度里，发现，本身就是一种创造。

——题记

造化神奇，万物相殊，世间万物，每一种都有它的独特性，都有着其他事物无可比拟的神奇与魅力。物之不齐，物之情也；人之不齐，人之情也。教育中，我们所面对的，便是这样一个个生动活泼、各不相同的人。教育，正是着力于“每一个”的系统工程，去发现他们之间的差异和独特，发现他们中每一个人的特质和诉求，帮助他们实现自身的价值，实现高品质的差异发展。“圣贤施教，各因其材，小以成小，大以成大，无弃人也。”（朱熹）所谓善者因之，“因”的前提，就是发现。

尤其是个性很强的孩子，他们的特点往往更加鲜明。人的特点本无优劣之分，多是横看成岭侧成峰，所有的优劣都是相对而言的，且相伴相生。所谓的优劣，是个性特点运用的结果，用得好就是优势，用得不好就成了劣势。这更需要我们用一双慧眼发现孩子的特质，扬其所长，补其所短，帮助他们成为最好的自己。

本文记录的，正是我与一位个性很强的绩优生——子轩（化名）之间的交往经历。

一、遇见子轩

提起子轩，我就想到芥末——有着强烈的辛辣味，常常呛得人口鼻酸痛。因为我们学校是九年一贯制学校，所以子轩还在小学时，就已经在初中部广为人知，时常是老师们的午餐话题。我虽未见过子轩，却能大致勾勒出他的形象——一个成绩优异并因此傲视一切的孩子。到了初中，子轩基本佐证了之前别人对他的描述，他就像《大宅门》中的白景琦，虽没有那般顽劣，但也着实让人不太吃得消。

子轩无疑是聪明的，反应特别灵敏，但他更多的是将这一优势用于相反的方向。比如，班级出的乱子一旦与他有关，他就会不动声色地诱导其他同学："我们老师每天都很辛苦，如果知道了这件事，肯定会动怒，所以我们就不要让老师操心了，自己解决吧！"听起来是如此的善解人意。这些言论也正中其他小错不断的同学的下怀，彼此间迅速达成了默契。仅凭这一点，他就能在班里收获一小块市场。

他喜欢扮演调停方或是道德评判者，华丽丽地俨然是正义的化身。他看似在主持公道，实则不动声色地在暗中点火，让双方的战火越烧越旺。他不太看得到自己的问题，却经常针砭时弊，猛烈抨击他所不齿的现象或人物，就像一个愤青，悄无声息地用自己的机巧塑造"正直"的形象。

他甚至将这种机巧用在了老师身上。比如，他拿着一道题目去"请教"老师："老师，为什么这题选 B 而不是 C？"这是一道难度系数颇大又极易混淆的题目，老师快速试做了一下，也得出 C 的答案，便带点儿疑问地求证："答案是 B？""是啊，可我怎么做都是 C。"子轩带着一副疑惑的表情坚定地回答。这让老师一时也拿不准，左思右想，最后以答案 B 进行逆向推导，有些牵强地为他进行了讲解。可到了最后，子轩却故作惊讶地说："老师，我看错了，答案是 C。"可想那位老师此时的窘迫。此事之后，大家都不得不对他保持警惕。

在家里，每当父母批评他时，他便反击："爸爸不聪明，妈妈也不聪明，我已经负负得正了，你们还不满足？"对抗父母，他总是以一敌二还能轻松取胜。他的父母虽然嘴上数落儿子的不是，语气中却颇有自豪和得意，这让子轩在自我和自负的路上越滑越远。

子轩对人、对己的标准总是很难一致。他经常无视别人的存在，却不能容忍别人对他的忽视；他时常对人冷嘲热讽，却容不得别人对他有丁点儿冒犯；他不太约束自己，却总喜欢挑剔人，别人的一点儿口误或是语病，他都要一一纠正，而如果是别人指出他的问题，他便会恼怒反击甚至进行人身攻击。

一次，体育委员提醒他排好队，他根本不听，照样一动不动地站在队伍外。体育委员恼了："你干吗总弄得跟大家不一样？"他反唇相讥："你们看我不一样，我看你们都一样。"他以自己为世界的轴心，无怪乎同学们都感叹："子轩走过的地方连草都不长。"

这一切，使他与环境格格不入。一个人与环境不相容，一则可能是因为他超越了这个时代，而这个时代未能及时发现他的价值；二则可能是因为他纯粹与环境不合拍，无法与环境相适应。一个与环境不相容的人，可能会最终改变环境，但也可能会被环境淘汰。

个性很强的孩子，容易走在这个岔路口，因此尤其需要教师清醒面对。一方面，要相信他们有内在的自我成长的动力和能力；另一方面，也要对他们进行智慧的引领，让他们真正以自由而不是野蛮的方式成长。

我希望子轩在拥有聪慧和个性的同时，也能掌握最基本的明辨是非的能力，把聪明用在恰当的地方，如同给一把利剑配上剑鞘，既安全又不失其锋芒。我也希望子轩在展示自己才华的同时，能注重与周围人之间的关系，独立而不孤立，让自己成为厚实的存在，而不是单薄的突兀。

二、修复"第一扇破窗"

师生间最初的交往，往往是美好的，彼此都想给对方留个好印象，这段时间俗称蜜月期。蜜月期过后，便进入了试探期，双方都想打探对方的虚实。子轩的试探期来得特别早，从我接班之时就开始了。

子轩不会去触碰打架斗殴之类的高压线，那样做成本太高。但他的存在感和优越感是如此的强烈，以至于他会不断犯些小错来凸显自己，并借机试探老师，比如屡屡迟到、敷衍工作、逃避责任等。这些小错上不了纲线，却容易成为班级的一扇"破窗"，引发连锁的负面效应，不但他本人会继续我行我素，还会引起其他同学的效仿，由点到面，不断蔓延，甚至还会“赢得”部分同学的赞叹：子轩好有个性，不畏“强权”。

罗斯福有言，没有自由的秩序和没有秩序的自由，同样具有破坏性。子轩以“个性”之名藐视规则，以“自由”之名无视秩序，这同样具有破坏性。

子轩的系列小错，既是惯性使然，也是借机试探，想看看我是不是黔之驴。而我，是学生们眼中的“郑太宗”。于是大家兴奋观战：“子轩遇上郑老师，这样的组合真是醉了！”于是乎，与子轩最初的交往，就好比菜刀砍电线，一路火花带闪电。

家住学校附近（两点之间不超过 100 米）的子轩是迟到专业户，这不，开学才两周，他就迟到了五次。在为自己的过错辩解时，子轩将他的聪明发挥得淋漓尽致。

第一次，他解释说是闹钟忘调了。

第二次，他说没想到买包子的人会这么多，排了好一会儿队。我没有责怪他，只是让他好好计算时间，务必预留几分钟作为弹性时间。

第三次，他说他吸取了上次教训，把闹铃调到了 6 点半，但又觉得有些早，想眯一会儿，结果回笼觉睡过头了。事不过三，我用带点儿警戒的语气提醒他：不幸往往源于侥幸，别总在一个地方摔倒。

第四次，他的理由是闹钟电池不够了，没响。我旁敲侧击：“如果你丢了 100 元，你会不会花 200 元车费去把它找回来？”他说谁会这么愚蠢。我回应：“本来稍微花点儿心思就可做到的事，现在却要花加倍的心思去解释，这其中的道理不是一样的吗？”

第五次，他说妈妈烧的稀饭太烫了。这一次，我问他：“如果你长了一个脓包，你是藏着掩着，是任其自然，还是用消过毒的针挑破、拔掉脓头？”他沉默了许久，说还是第三种好。我斩钉截铁地回应：“是，虽然这一过程会痛，但只有这样才能回归健康。”对智商高的孩子，我们无须讲明讲透，留有空白，让他自己细细体会，反而更有效果。

第二天，子轩按时到校。但当我在回复家校联系本时，看到他的本子上是这样写的：“批评十二卷，卷卷有爷名。——摘自《子轩后悔录》。”我不觉哑然失笑，这真是一个浑身带刺却不失可爱的人。于是提笔朱批：“小事不断，错错错；悔而不改，莫莫莫。——摘自《郑英警示录》。”我不知道子轩看到这句话后的表情，估计会很有趣。

不知是这些做法产生了一点儿作用，还是子轩自己慢慢地有了自律，此后，他越来越少迟到了。

对自己的学习，子轩向来都是一丝不苟，但对搞卫生之类的公共事，他却常常走过场，拖着扫把随便划几下便收工。卫生委员劝说无效，希望我去“说说”。换作其他对象，我会建议卫生委员先用自己的智慧去处理，但子轩是块烫手山芋，简单地把他丢给别人显然不合适，于是我跟着卫生委员来到教室。

我问子轩，这地是你扫的？他一边回答“是呀”，一边继续写作业。“这样的地，扫与不扫有多大差别？”“老师，我以前都是这样扫的。”他慢慢地抬起头来看着我，推推眼镜。

“也就是说，你是以幼儿园的标准来要求自己的？”我单刀直入，不给他任何推诿塞责的机会。“开学之初，在‘我理想的班级’的问卷里，你的回答好像是‘有个性、有品位’，可我觉得你这样扫的地一点儿品位都没有。”

他一转身，拿起扫把开始第二轮清扫，但教室的边缘一圈仍然有小团的灰尘。我让他以最挑剔的眼光看待自己的劳动结果，无可挑剔才是上品。他环顾一圈，进行第三轮清扫，这一次，很彻底。

在那天的家校联系本上，我给他留言：“扫地扫地扫心地，心地不扫空扫地。心灵也是一块地，需要时时勤拂拭，勿使惹尘埃。”

子轩还常常以各种理由缺席大课间跑操。有一次，他刚刚还在活力四射地和同学狂聊游戏，转眼间到排队时却突然声称感冒了，然后轻飘飘地甩出一句：“老师，我请假。”我虽然狐疑，却苦于没有证据。

一般情况下，我会为学生的“逆行”预留一条通道，但此时子轩脸上闪过的那一丝狡黠刺痛了我，尽管那只是瞬间的表情，但可以分明见得到他的内心。

我决定不按常规出牌。“是不是昨晚受凉了？”我问。“大概是吧。”

他回答得很平静。“你先休息，我去看操。如果还不舒服，我就联系你妈妈，让她带你去医院看看。”我关照道。跑操结束后，我直奔医务室，泡了杯板蓝根，小心翼翼地端给子轩。子轩在众目睽睽下，喝了那杯板蓝根。

中午，我又跑到食堂，请食堂师傅煎了碗姜汤，浓烈一些的。我端着热气腾腾的姜汤，关照子轩趁热喝了。子轩再次在众人关切的眼神中喝完了姜汤。待他喝完，我拿了一件外套，问他需不需要披着趴一会儿，他谢绝了。如果子轩真的生病了，这碗姜汤可治他的身病；如果他没有生病，这碗姜汤可治他的心病。

打那之后，子轩就不大容易“感冒”了。

子轩带给我的高难度系数的挑战，让我时时保持警醒。为了妥妥地接招，我狂览群书，以便增加“功力”。意想不到的是，在这个过程中，我悄然间增强了教育的敏感性，哪怕是一些寻常细节，我也会不由自主地将它与教育联系起来。这种“眼力”，是子轩带给我的意外收获！

学生，其实是教师成长的最好“贵人”，所谓教学相长是也。

三、发现“杂草”，补其所短

田地里，杂草若不除，便会恣意蔓延。心灵也是一块地，如果任由杂草潜滋暗长，必定会造成心灵的荒芜。

虽说教室是允许学生出错的地方，但这并不意味着教师对学生的错误可以听之任之，否则就是一种教育的不作为。宰予上课睡觉，孔子当即怒骂“朽木不可雕也”。只刚不柔便成脆，只柔不刚便成软，刚柔相济才是韧。师者，当在刚与柔之间寻找最大公约数，在恩与威之间寻求平衡点。

子轩过于维护自己的利益。排队，他从来都是最后一个出教室，为的是抓紧时间再做点儿题；课堂上，一遇到问题，他就马上起立，要求老师先回答他的问题，根本无视老师的教学进程；每月的集体生日班会，到了吃蛋糕环节，他就冲到最前面，用手掌拨拉出一大块，然后慢慢舔着吃，根本不顾其他人厌恶的眼神。

利己是人的本能，但一个人如果只对自己负责，只维护自己的利益，而不惜妨碍他人的利益，那他就会失去人生的高度和生活的温度。不但自己生活僵硬，还会引起周围人的反感。

我借故与子轩聊天，并问他：有人发现同款鞋子的价格是一样的，于是都挑大码的，因为觉得号大的用料多，赚了。子轩马上接过话茬道，那他永远穿不了一双合脚的鞋子，真是贪小失大。我顺着他的意思说，是呀，合适才好，贪小反而失大，所以要适可而止。然后轻拍他的肩膀离去。我不求每一次谈话都能见效，因为教育是由一个个点累加起来的渐进过程，但是每一个点都有意义。

子轩成绩优异，但对别人没有形成生产力，因为他不愿分享资料也不愿帮人解题。于是，我悄悄告诉他，在情感和精神的王国里，一切奉献同时也是收获，如同蜜蜂在奉献蜂蜜的同时也采集了花粉。开放及助人为乐的心态，不但能帮助你走得更远，还能帮助你从中收获幸福。从此，子轩开始偶尔教同学做题，也会推荐一些好资料，或者提供一些学习上的信息。

子轩无疑是自信的，但他的自信不加约束，泛滥成了自负。在别人答错题时，他会脱口而出一句“BC”（白痴的意思）。他的聪明如一道闪耀的光，刺得人眼睛疼。对此，我引导他：“你的发动机性能超好，但刹车不太灵，容易撞上别人。对善于驰骋的人来说，油门与刹车同样重要。”他自嘲又自辩：“唉，树大招风。”我反诘：“如果一棵树足够大，便不怕风，而且能给人一片绿荫。”

子轩得理不饶人，我问他，理直可以气壮，理直也可以气和，两者相比，你认为哪种更有品？

子轩总认为别人是针对他，或是羡慕嫉妒他。于是，我在他的眼镜片上抹了一点儿灰尘，让他看我。他说看不清楚，而且看上去很脏。我说：“心灵也是一副眼镜，如果蒙了尘，那看什么都是脏的。”

子轩有话直说，这本是他的优点，但他从不考虑别人的感受，还把这种口无遮拦称为“真”。对此，我告诉他，“真”有许多类型，比如，在公交车上想脱袜子就脱袜子，想搁脚就搁脚，这种“真”就很粗鄙；比如，对一个病入膏肓的人说“你快不行了”，这种“真”就很不善。不以慈悲心为底色的“真”，是枯燥而无意义的，甚至具有负面意义，久而久之，人会变得冷漠。

子轩自诩为天才，夸耀自己聪明，嘲讽别人的智商缺斤少两，对此，我也对他数度引导——

比如，我开导他“生得聪明是优势，活得聪明才是本事”。

比如，我劝诫他“每个人都需要尊重自己，这样便不会苟且；同时也需要尊重别人，这样才不会霸道”。

比如，我时常为他留言，诸如“器小易盈”“静水流深”“沧浪之水清兮，可以濯我缨；沧浪之水浊兮，可以濯我足”“圣人方而不割，廉而不刿，直而不肆，光而不耀”，等等。

比如，我让他明白，“聪”字的造字本义是善于用“耳”倾听，用“两眼”观察，用“口”表达，而这一切，都离不开“心”。

比如，我有一次不动声色地给他一块玻璃，问他看见了什么。他说看到了对面的一切。我再给他一面镜子，问他看见了什么。他说看到了他自己。我语带双关：人用镜子只看到自己，用玻璃却能看到整个世界。

比如，我让他观察树林中的树木长相，让他体会到，树木会自己形成彼此的间距，不失自身法度，也无碍对方生长，这就是大自然的规矩与方圆。人亦如此，在给自己留空间时，也要给别人留余地，这样彼此就能进退有据。你也许习惯于用自己的眼光看世界，但世界并不会独独迁就于你。无论你是谁，都得遵守这个社会的基本法则，那就是尊重与包容。

通过细水长流式的引导，子轩渐渐体会到，人与人之间的关系，仿佛作用力与反作用力那样，同时发生而且大小相等。你冲撞了别人，别人也会反作用于你；你用了多大的力，别人也会返回多大的力。别人就是我们的一面镜子，他们对待我们的态度，就是我们对待他们的态度的一种反射。

人固然需要自信、自尊和独立，但应保持自信而不自负，守护自尊而不轻视他人，保持独立而不孤立，这才是真正的成熟。

时隔多年，当子轩回校看望我时，他说多亏我当初对他声声棒喝，才让他没有在乖张的惯性里越滑越远。是的，人格比知识更重要，一个孩子若有健全的人格，他不仅自己会过得幸福，也会传递给他人以力量。

技能，可以依靠训练；而人格，仰仗的则是濡染。培养健全的人格，就像画工笔画，需要耐着性子，细细着色，才能做到色泽绚丽而又清新自然。

四、相机而教，种上“庄稼”

想要了解学生，除了教师要细致入微地进行观察，还需要学生坦露心迹，只有这样才能真正有所发现。如何才能让学生坦露心迹？让他们有安全感。如何才能让他们有安全感？尊重且守护他们。孩子越是受到尊重，他们就越容易培养起真诚、自信、独立的品质，也越容易在精神上挺立。日常教育中，我尽可能地采用多种方式增进对学生的了解，以便因势利导。

班级日行一则“凡人微语”，记述在家校联系本上，内容、题材、形式、字数不限。每天，我都一一回复每条留言，如此一来，学生的积极性越来越高，而我恰可通过这一途径，知悉他们成长的秘密。

孩子们的这些“悄悄话”，如果富有哲理，我会在班上宣读以作分享；涉及个人秘密的，我会守口如瓶；诉说个人困惑的，我会努力一一开解；描述班级趣事的，我会当场宣读，让快乐重播一次；反映班级好人好事的，我会隆重表扬；反映个别同学不良现象的，我会暗地里找机会处理……孩子们的本子上，每页都留下了我与他们之间无声却胜似有声的文字。“凡人微语”成了师生之间的单线心灵通讯方式。

子轩总是用负面的眼光看待别人。人家一个无意的举动或是一句无心的话，他都能解读出别样的意味来，哪怕是一个善意的提醒，在他看来也是一种警告。一个表面看起来强势的人，其实往往有着不为外人所知的脆弱。

巧匠调木，智者调身，一个能调和自己身心的人，才是最强大的，才不容易受伤害，也不容易伤害他人。我细细捕捉一些片段，对子轩进行适切的引导，引导他学会调适自我。

比如，子轩留言："昨晚回家，妈妈让我喝点儿汤，说是煲了三小时，可我一点儿胃口都没有，她就生气了。唉，我又没让她煲，再说我是真不想喝，我有错吗？"我回复："很多事情的意义，不在于事情本身。比如妈妈煲的汤，于她，是为了表达一份爱，觉得你对她而言很重要；于你，不过是喝几口的事，何必去拂逆？人与人之间相处，真诚比事实更重要，善意比道理更要紧，所以不要一味坚持那并不重要的事实和道理。对于真理，我们要坚持；对于相处，我们不必固执。"当天，子轩为妈妈买了一包红枣，说是妈妈贫血。

比如，子轩留言："体育老师太虐了，大课间已经跑了 8 圈，体育课又是 8 圈，活动课还要 6 圈，还让不让人活？"满满的愤懑与不满。我回复："常规的要求是训练，高境界的要求是磨炼，没有磨炼，如何超越？"

比如子轩留言："我现在也想接纳同学，可他们不愿接近我，我该怎么办？"我回复："你的脸上挂着一块无形的'请勿打扰'的牌子，其他人自然不会来'打扰'。换一块牌子吧，用微笑书写'欢迎光临'，别人自会来'敲门'，在你的一声'请进'中走进你的心门。"

…………

子轩有一个恼人的习惯：每每老师问题一出，他就马上报出答案。如何让子轩在表现自己的同时也能顾及他人？如何在照顾其他同学的同时不伤及子轩的自尊与锐气？我用心备好课后，约了子轩，在午后的操场上边走边谈。

教育，须发生于心灵距离最短的时刻。谈心，无疑是缩短距离的最佳方式。所以，我经常找学生聊天谈话，而他们也时常约我，沿着校园漫步，或是对坐在紫藤廊下，畅谈，或絮语。

我问他，农田里什么样的玉米会留到最后？他不假思索地回答，当然是垃圾玉米。不，留到最后的是最好的玉米，因为要做种子用。我继续：小说里，绝世高手是不会轻易出手的，红地毯上，最大的腕儿才压轴出场，在我的眼里，你应该是课堂上每个问题的最后解答者，是真正的高手，是最大的腕儿。那天，我在他的家校联系本上写了这么一句："君子藏器于身，待时而动。"此后，他便用心倾听其他同学的发言，以免自己的发言与他人重复，以此努力做"留到最后的玉米"。

面对学生的问题，我不想扮演"消防员"，而是愿做"陪伴者"和"引路人"，用真诚和倾听抵达他们的心灵，用智慧和善意引导他们走出迷途。当他们走入误区时，我善意点拨；当他们陷入烦恼时，我侧耳聆听；当他们情绪低迷时，我摇旗呐喊。

此后，子轩越来越愿意向我敞开心扉，诉说成长中的烦恼和秘密。我则耐心倾听，遇物而诲，相机而教。于是，我似乎听到了一声又一声的"吧嗒"，那是一个又一个心结打开的声音，如作物成长时拔节般的美妙。

我还精心挑选了一个带有密码锁的日记本送给子轩。日记，是一种自己与自己对话的方式，能让人在一片自在的迷你王国里，做自己的绝对主人。有了日记本，人可以通过书写来释放不良情绪，这样坏心情就不容易持续发酵；可以舔舐受过的伤痛，从而让这些伤口经过自我消毒后愈合；也可以诉说成长的秘密，让自己不被打扰地、按喜欢的方式任性成长。

子轩收到日记本时，表面看起来风平浪静，但我猜测他的内心一定汹涌澎湃。果不其然，事后他跟我说，虽然那个日记本带有密码锁，但他的心锁瞬间被打开了。

当一个孩子感受到来自成人世界的充分尊重时，他便可以实现自我教育、自我完善了，他的成长开关会从此自觉地一个个开启。

五、乐当"绿叶"，扬其所长

教师在学生面前该是怎样的角色？我的答案是：引导者、陪伴者和陪衬者。在教育过程中，我有时站在学生的前面，适时点拨，指点迷津，此时我是一个引导者；有时我站在他们的身边，促膝长谈，乐于倾听，此时我是一个陪伴者；有时我站在他们的身后，藏巧于拙，甘当“背景”，此时我是一个陪衬者。

老子云：“太上，不知有之；其次，亲而誉之；其次，畏之；其次，侮之。”师生关系亦如此，有四重境界，按升序排列便是：侮——畏——誉——不知。与子轩初次交往时，我展示了自己的强大，让狂傲的他收起了轻慢之心。但教育的目的是为了让孩子成长，帮助他们变得强大，而不是显示教师自己的聪明和才华。行进在教育的路上，我们别忘了为什么而出发。无论教师多么强大，我们都无法替代学生的成长。所以，当子轩慢慢收起身上的尖刺时，我也渐渐地降低了自己，向他示弱，扬其所长，以衬托其美好。

我不擅长使用电脑，也不会制作动画，而子轩对这些却得心应手。每每需要下载视频什么的，我便招呼子轩，他三下两下就能搞定。有时他也会授我以“渔”，教我一些最便捷的方法，让我学会独立操作乃至熟练运用。

被老师教会和把老师教会，这二者之间，有着本质上的差别。一旦学生感觉到自己有力量，他们便容易变得独立、有责任感，自觉追求强大以便担当。

师生二者，有如跷跷板之两端，你若示弱他便强大。而教育之道，便在于这强弱尺度的拿捏上。一个教师太容易被超越，是他个人的悲哀；反之，一个教师只能被模仿而无法被超越，则是教育的悲哀。教师需要显示自己强大的一面，从而让学生有更多的安全感并心生向往；同时教师也需要适时示弱，从而让学生感知自己的力量。把两者按恰当的比例搭配好，才是进退有度的优雅与从容，也是教育艺术的魅力。

如果能引导子轩将自己的聪慧用在刀刃上，进而激发他创造性的表现，那么，他将乐在其中，不再旁逸斜出。

为此，我努力创设平台，为学生的发展提供土壤，让他们尽情发挥自己的聪明才智。比如，有学生出的点子很有创意，我就以他的名字命名，冠以“某某发现”“某某方法”，还郑重其事地发给他一本“专利证书”。这样一来，学生的金点子层出不穷，创造发明也越来越多。这其中，子轩提供的班徽设计方案、运动会入场式创意方案、社会实践活动方案等屡屡获得同学们惊叹的目光，这让他有了种极大的满足感。

有时，我会让学生独自出题或让小组来命题，并在此基础上进行整合，用于平时的作业或测试。这些题目一经录用，我就会在题目末尾打上“× × 同学供题”或“× × 小组供题”的字样。学生们兴致高昂，好题层出不穷，子轩自然是这项活动中出镜率最高的。

鉴于子轩强大的学习力和思考力，我建议他预习之后设计一些问题。这也是在变相夸赞子轩的聪明。他自然欣然领命。比如，有关美国南北战争的那一课，子轩便提供了这样的问题：

> 我看了小说《飘》，里面说南北方各有自己的政府，各有自己的旗帜，有各自的纸币。双方都说在保卫自己的国家，这如何理解？当时的美国，最迫切需要解决的问题是废除奴隶制还是统一联邦？北方发展资本主义经济，南方盛行大种植园经济，这种地区差别是否不可避免地导致了美国内战的爆发？

每一个问题都有着沉甸甸的思维含量，这让我不得不叹服。子轩没有把教材当成认识世界的唯一途径，更没有把它当成唯一的标杆，而是用自己的思考延展自己的目光，意气风发地去探寻未知的世界，同时审视已知的世界。我称赞他：“子轩，你提的这些问题的价值要用‘克拉’来计算。”“看来，我是一颗‘活的钻石’。”子轩不忘“耍宝”。

子轩还带动了更多的同学深入思考。渐渐地，他成了大家心目中的核心人物。而他自己也深深体会到，爱出者爱返，向别人表达善意，也是为自己积蓄幸福。

只有教师学会了示弱，学生才有可能青出于蓝而胜于蓝。教师在学生面前示弱，并不是无原则的妥协退却，而是一种基于平等的尊重，坚信学生有超越教师的潜能，一定会比教师走得更远。这要求教师藏巧于拙，匿采于隐，不仅需要勇气，更需要智慧。

六、发现，真的可以创造出莫大的力量

音乐当中有“板眼”之说，“板”为每小节中最强的拍子，其余的拍子叫“眼”。我一面向子轩示弱，一面与他调侃，彼此间的关系有了节奏性的秩序和美感。我们由最初的试探和不动声色的较量，转为相互取悦、相互信赖。

比如他留言：“为什么我每次来找你，你都不在？”我回复：“为什么我每次不在，你就来找我？”

比如他留言：“为何近期事情会如此之多，尤其是杂类作业？”答曰：“人在江湖漂，哪能不挨刀？不过，有时伤你的不一定是宝刀，而是小李飞刀（杂类作业）。”他继续问：“如何躲避才能万全？”答曰：“汝等道行尚浅，需修行苦练，方能使自己度化。若是‘学神’，学法无边，自是不在话下。”

比如他留言：“为什么每次运动会都会下雨？”答曰：“‘运’‘动’‘会’，字字都有‘云’，所以下雨的概率比较高。”

比如他留言：“五月来了，终于可以睡午觉了，不过放学又迟了。”答曰：“种兰不种艾，兰生艾亦生。”

比如，有一次语文老师拿着子轩的作文本给我看，我看到子轩对我的描述是“高贵大方、美丽善良、贤淑端庄、温柔可爱……”我哑然失笑，提笔朱批：“徒儿，你描绘得生动具体。”哪知他回复：“老师，帮帮忙，我是凑字数的。”我故意讪讪地笑，他则挤眉弄眼眉飞色舞，有种火中取栗而手未烫坏的得意和庆幸。

教育的本义是唤醒，是让孩子在人生的各种场景中都能保持在场。子轩在常态的学习、生活场景中，都“出席”了，并日渐深刻。他慢慢改善了与周围人的关系，他接纳了别人，别人也接纳了他。他在同学们的眼里越来越生动——

“子轩的画那么抽象，真是毕加索传人。”

“子轩为了捞蝌蚪，掉水里了，他为什么不趁机游一下泳呢？反正都湿了。”

“子轩真是个模范同桌，昨天我感冒了，他每节课后都问我难不难受。”

“子轩真是‘神人’一枚，裤子裂了，他竟然用订书机把它订好了。”

…………

子轩越来越“接地气”，渐渐地为自己赢得了一个平和、快乐、轻松的环境。

而我与子轩之间，也不断传递着一些美好的信息——

子轩看到六年级学生在玩装了发动机的纸飞机，心生羡慕，很想拥有那样的发动机，于是前去诱骗，未果。得知这一情况，我在请教了子轩一个电脑问题后，送了他一台发动机。这台发动机网购只需 22 元，却让子轩的内心有了一种被关注的喜悦。

我买了本《极简中国史》，一段时间后，同学们反映子轩也有了一本。我留心了一下，发现子轩总喜欢看我正在看的书。于是我干脆借给他读，礼尚往来，同时也向他借。你来我往之间，传递着信任，也递增着情谊。

万圣节那天批改作业时，不断有糖果掉出，其中子轩的本子里也夹了一颗糖，一颗巧克力夹心糖，本子里还有一行蝇头小字：“郑老师，节日快乐。”

八年级第二学期临近期末时，天气越来越热，加上每人释放出的二氧化碳，教室里闷热异常。子轩妈妈给我打电话，问需要多少冰块？我有些诧异。她说这是子轩的意思，想购置一些冰块放在教室里，让教室的环境变得舒适一些，以便同学们更有效地学习。

中考那天，我早早到校，却发现已经被保送的子轩也来了。他说他想亲自为每一位参加中考的同学送上祝福，与他们击一次掌，给他们力量。等同学们全部进校后，他说他得躲到对面的小区里，这样既能目送同学们上考场，同时又不会干扰他们。那一刻，我的眼睛湿润了。我知道，子轩的心已经变得柔软，他在人格上已经完全挺立了。

毕业后，子轩发给我一条短信：“郑老师，谢谢您，您为我点亮了心灵的灯，给我照亮了前行的路。”

我平静地回复：“子轩，不用谢我，是你的才华和善意，让你在生活中得到了回报。记住，你的善意，一定会给你带来‘利息’。”

经历了子轩，我发现——在教育的国度，发现本身就是一种创造。

经历了子轩，我发现——我在发现学生的同时，也发现了自己。

后记

在时间的流变中，许多东西会消亡，许多东西会退化，唯有一样东西永恒不老，那就是“美”。世间的各种美，在本质上是相通的，但凡美的东西，都有经久不衰的迷人光辉，也只有美的东西，才有无限丰沛的生命力。

美，寓丰富的内容于和谐的形式之中，在和谐的秩序里回旋着力量，满而不溢，有种净化的功能。它是智士的宗教，来自创造者的手心，并存在于欣赏者的眼睛里。

教育也是一项关乎美的事业，教育的过程就是教师与孩子们一起发现美、欣赏美、创造美的过程，并在最后各自成为一个立体的、丰富的、完整的人，成为最好版本的自己。真正的教育者，是在教育他人的同时实现了自我教育的人。

教育固然需要技巧、手段、方法，“虽小道，必有可观者焉”，但是“致远恐泥”。作为自觉的教师，我们当努力超越技巧的层面，走审美创造的道路，唤起学生对美的期待，追慕美好，向美而生。这是教师职业的可贵之处，也是教育事业的高贵所在。

教育，不只有艰辛和困顿，也应有美好和动人。发现美，并创造出新的美，这是教育的应有之义。

我期望，我今天所施的教育，是学生生命历程中的一段美好时光，会被学生视为一件高贵的礼物而倍加珍视。

我期望，我今天所施的教育，在成就学生的同时，也书写我自己的生命传奇，从而让我获得一个更加美善的人生。

教育，是一项向美而生的事业，我们应当成就教育的美，同时成就于教育的美。纵然这只是一个向往，也值得我们为之付出真实的汗水和泪滴。

在这本书里，我着意探寻教育中美的源泉，再现自己的教育过程，并试图用慢速快门来记录这个过程中的美，从而映射教育本身的美。

意外的收获是，在这一过程中，我得到了先生和儿子的全力支持，他们让我得以从容地遵从自己的内心节奏，在创造和享受教育之美的同时，深深体会到生活的乐趣。原来，真正的教育，不离生活之美，并能成全和丰富生活之美。

同时，感谢《班主任之友》杂志和王皓编辑。2011 年在该杂志上的每月连载，使我最终在 2012 年写成了《班主任，可以做得这么有滋味》一书。该书当年入选了中国教育新闻网“影响教师的 100 本书”、《中国教育报》“教师喜爱的 100 本书”。眼前的这本书，也得益于该杂志的“郑英专栏”，该专栏的写作，让我得以集中精力系统地思考教育的深层问题，并形成了自己的教育理念和教育信念。

此外，特别感谢金波、朱晓鹏、何志英、韩似萍、唐少华等恩师给予我的关怀和关注，感谢顾久先生、李晓东先生、费蔚女士、王健敏女士、周建仁先生、邱曙光先生、严国忠先生等重要他人给予我的鼓励和指点，正是他们的无私帮助和真诚勉励，才让我充满了前行的勇气和力量。感激，无尽！

2019 年元旦于杭州